CARRÉS CLASSIQUES COLLÈGE

Collection COLLÈGE dirigée par
Cécile de Cazanove
Agrégée de Lettres modernes

Pierre Corneille

Le Cid

Tragi-comédie
1660

texte intégral

Édition présentée par
Annie Le Fustec
Agrégée de Lettres classiques

SOMMAIRE

Avant la lecture

Qui êtes-vous, Pierre Corneille ? 6
La France au temps de Corneille 8
Qui sont les personnages ? 10

Lire *Le Cid*

ACTE I 15
Pause lecture 1 23
Pause lecture 2 31
Pause lecture 3 39
Bilan de l'acte I 41

ACTE II 42
Pause lecture 4 48
Pause lecture 5 57
Pause lecture 6 69
Bilan de l'acte II 71

ACTE III 72
Pause lecture 7 78
Pause lecture 8 89
Pause lecture 9 95
Bilan de l'acte III 97

◆ **ACTE IV** ... 98
Pause lecture 10 ... 104
Pause lecture 11 ... 111
Pause lecture 12 ... 120
Bilan de l'acte IV ... 122

◆ **ACTE V** ... 123
Pause lecture 13 ... 127
Pause lecture 14 ... 138
Pause lecture 15 ... 145
Bilan de l'acte V ... 147

Le dossier du collégien

› **Testez votre lecture** ... 150
› **L'œuvre en un coup d'œil** ... 152
› **Un genre :** tragi-comédie et tragédie ... 154
› **Un thème :** sentiments, caractères et valeurs dans *Le Cid* ... 157
› **Groupement de textes :** le duel ... 160
› **Vers le Brevet** ... 166
› **Lecture d'images** ... 168
› **Outils de lecture** ... 170
› **Lexique :** Les mots du théâtre ... 172
› **À lire, à voir** ... 174

ISBN : 978 209 188759-3

Avant la lecture

- Qui êtes-vous, Pierre Corneille ? 6
- La France au temps de Corneille 8
- Qui sont les personnages ? 10

Qui êtes-vous, Pierre Corneille ?

◆ D'où êtes-vous originaire, Pierre Corneille ?

Je suis né à Rouen, dans une maison achetée par mon grand-père, rue de la Pie. J'y suis resté de ma naissance en 1606 jusqu'en 1662, date à laquelle je me suis installé à Paris. J'ai fait mes études au **collège des jésuites**, et j'ai exercé les fonctions d'**avocat du Roi** pour les affaires concernant les Eaux et Forêts.

« Au collège, j'ai pratiqué la poésie et le théâtre. »

◆ Votre vie personnelle a-t-elle été heureuse ?

Dans ma jeunesse, j'ai aimé une jeune fille plus riche que moi, mais elle en a épousé un autre… Après la mort de mes parents, je me suis occupé de mes jeunes frères et sœurs, avant de me marier et d'élever mes six enfants. Je n'ai jamais quitté mon frère Thomas, qui avait dix-neuf ans de moins que moi. Il a épousé la sœur de ma femme, et il est devenu lui aussi un auteur dramatique célèbre.

◆ Comment vous est venu le goût du théâtre ?

Au collège, les jésuites encourageaient la pratique de la **poésie** et celle du **théâtre**. De plus, Rouen, peu éloignée de Paris, recevait régulièrement des troupes. J'ai donc pu assister à des représentations théâtrales.

◆ Quelles ont été vos premières créations ?

J'ai commencé par une **comédie** intitulée *Mélite*, en 1629. Elle a eu un très grand succès. En 1635, j'ai créé à la fois une comédie importante, *L'Illusion comique*, et ma première **tragédie**, *Médée*, autour d'un personnage de magicienne emprunté à la mythologie grecque.

◆ Comment l'idée du *Cid* vous est-elle venue ?

À Rouen, il y avait beaucoup d'Espagnols. Je connaissais leur langue et leur littérature. Quand j'ai découvert la pièce de Guillén de Castro, *Les Enfances du Cid*, j'ai été séduit par l'histoire de Rodrigue et de Chimène, et je m'en suis inspiré.

De plus, certains sujets étaient d'actualité, par exemple les **duels**, très nombreux et meurtriers. Le Roi et le cardinal de Richelieu tentaient de limiter cette pratique, mais avaient de la peine à se faire obéir des nobles. Autre exemple : en 1636 eut lieu le siège de Corbie, en Picardie. Les armées espagnoles menacèrent de marcher sur Paris. Dans la pièce, l'attaque de Séville par les Mores fait écho à cet événement récent.

◆ La pièce a-t-elle eu du succès ?

Oui, un succès considérable auprès du public. Mais auprès des critiques, les « doctes » qui défendaient les règles inspirées des Anciens, elle déclencha une polémique, qu'on appela la **Querelle du *Cid***. Je me suis longuement défendu contre leurs attaques.

« Je me suis inspiré d'une pièce espagnole. »

◆ Qu'avez-vous écrit ensuite ?

En 1643, j'ai écrit une nouvelle comédie, *Le Menteur*, mais j'ai surtout produit des tragédies inspirées par l'histoire romaine et devenues célèbres : *Horace* (1640), *Cinna* (1642), *Polyeucte* (1643), etc. En 1647, j'ai été élu à l'**Académie française**, que le cardinal de Richelieu avait fondée en 1635.

Mes dernières pièces ont eu moins de succès. Le goût du public avait changé : il préférait désormais le théâtre d'un auteur plus jeune, Jean Racine. ■

Corneille meurt en 1684. Son frère Thomas est élu à l'Académie française en 1685, au même fauteuil. Lors de la réception de Thomas, Racine prononce un éloge enthousiaste de Pierre Corneille.

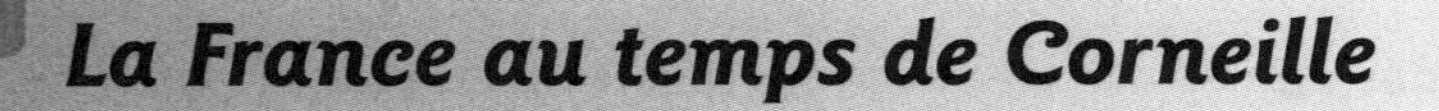

La France au temps de Corneille

◆ Le pouvoir politique

Quand Corneille naît en 1606, la France commence à sortir des guerres de religion entre catholiques et protestants, grâce à l'Édit de Nantes, proclamé par Henri IV en 1598. La régence de Marie de Médicis puis le règne de Louis XIII, secondé par le cardinal de Richelieu, sont marqués par des rivalités armées entre des nobles et le pouvoir royal, qui n'est pas encore absolu, ainsi que par la guerre de Trente ans qui bouleverse toute l'Europe.

Pendant la régence d'Anne d'Autriche aidée du cardinal Mazarin, des nobles entrent encore en rébellion contre le roi et les parlements : c'est la **Fronde** (1648-1652). Elle se termine par la victoire des armées royales. À partir de 1661, **Louis XIV** établit peu à peu un **pouvoir personnel absolu**.

◆ La société française au XVIIe siècle

La France compte alors environ 20 millions d'habitants, c'est le pays le plus peuplé d'Europe. Le catholicisme est la religion officielle du royaume. Les protestants sont tolérés jusqu'à la révocation de l'Édit de Nantes en 1685.

La société est organisée en **trois ordres** : le **clergé**, la **noblesse** et

1606	1629	1635	1637
Naissance de Corneille à Rouen	*Mélite*	*L'Illusion comique*	*Le Cid*

RÉGENCE — 1617-1643 LOUIS XIII - RICHELIEU

1610	1617	1622	1624	1635-1659	1636
Assassinat d'Henri IV Régence de Marie de Médicis	Début du règne de Louis XIII	Naissance de Molière	Richelieu ministre	Guerre franco-espagnole	Siège de Corbi par les Espagn

le **tiers-état**. C'est une société inégalitaire. Certains nobles, très riches, vivent à la cour. Les autres se consacrent à la vie militaire ou à la religion. Ils vivent, parfois très mal, des revenus de leurs terres. Le clergé est constitué du haut clergé très riche, et du bas clergé souvent très pauvre. Le tiers-état rassemble les bourgeois, qui gagnent bien leur vie, les artisans, et une énorme masse de paysans (80 % de la population totale) qui vivent dans la misère et l'ignorance. À la fin du siècle seuls 30 % des hommes et 15 % des femmes sont alphabétisés. Le XVIIe siècle connaît cependant un grand **développement des villes**. C'est le cas de Rouen, où vit Corneille.

◆ Le théâtre au XVIIe siècle

En province, des **troupes ambulantes**, comme celle de Molière, donnent des représentations sur les places ou dans les salles de jeu de paume. À Paris se développe le **théâtre de foire**, en pleine rue. La ville compte aussi trois **salles de théâtre** au temps de Corneille : l'Hôtel de Bourgogne, le Théâtre du Marais – où fut joué *Le Cid* –, et le Théâtre du Palais-Royal – celui de Molière – l'actuelle Comédie française.

Les auteurs dramatiques sont nombreux. Le genre dominant est d'abord la **tragi-comédie**, théâtre « irrégulier », où règne l'imagination. Peu à peu s'imposent la tragédie et la comédie classiques, illustrées par Molière, Corneille et Racine. ■

1640	1642	1643	1646	1662	1684
Horace	*Cinna*	*Polyeucte*	Élection à l'Académie française	Installation à Paris	Mort de Corneille

	1643-1661 RÉGENCE	1661 LOUIS XIV

1639	1643	1644	1648-1652	1662
Naissance de Racine	Mort de Louis XIII	Régence d'Anne d'Autriche Mazarin ministre	La Fronde	Colbert ministre

Qui sont les personnages ?

Chimène

Jeune fille noble, elle aime Rodrigue et s'apprête à l'épouser avec l'accord de son père.

Le Comte

Père de Chimène, valeureux guerrier, il souhaite devenir gouverneur du jeune fils du Roi.

Rodrigue

Jeune et brillant cavalier, il aime Chimène ; son père approuve son projet de mariage.

Don Diègue

Père de Rodrigue, il a été autrefois un guerrier remarquable. Devenu vieux, il garde l'estime du Roi.

L'Infante

Fille du Roi, elle doit épouser un roi, mais son cœur l'entraîne vers Rodrigue, de rang inférieur.

Le Roi

Il règne sur la Castille, mais il a installé sa cour à Séville, pour des raisons de sécurité. Il arbitre les conflits qui opposent ses sujets.

Lire...

Le Cid

Tragi-comédie (1660)

Pierre Corneille

TEXTE INTÉGRAL

Le royaume de Castille

Le roi Fernand ou Ferdinand Ier régna sur la Castille de 1037 à 1065. Il agrandit son royaume du golfe de Gascogne au nord jusqu'à l'Andalousie au sud. Il mena des guerres contre les Maures au cours de la Reconquista, période de reconquête par les chrétiens des régions d'Espagne sous domination musulmane.

Le texte de la pièce proposé ici est celui de 1660.

Les personnages

- **Don[1] Fernand,** premier roi de Castille[2].
- **Doña Urraque,** Infante[3] de Castille.
- **Don Diègue,** père de don Rodrigue.
- **Don Gomès,** comte de Gormas, père de Chimène.
- **Don Rodrigue,** amant[4] de Chimène.
- **Don Sanche,** amoureux[5] de Chimène.
- **Don Arias,** } gentilshommes castillans.
- **Don Alonse,** }
- **Chimène,** fille de don Gomès.
- **Léonor,** gouvernante de l'Infante.
- **Elvire,** gouvernante de Chimène.
- **Un page[6]** de l'Infante.

La scène est à Séville[7].

1. **Don, Doña :** titre des nobles espagnols.
2. **Castille :** région d'Espagne.
3. **Infante :** titre que portent les filles du roi d'Espagne.
4. **Amant :** qui aime et qui est aimé.
5. **Amoureux :** qui aime mais n'est pas aimé.
6. **Page :** jeune noble au service d'un grand personnage.
7. **Séville :** ville du sud de l'Espagne.

Les astérisques renvoient au lexique.

CHIMÈNE, ELVIRE

CHIMÈNE

Elvire, m'as-tu fait un rapport bien sincère ?
Ne déguises-tu[1] rien de ce qu'a dit mon père ?

ELVIRE

Tous mes sens à moi-même en sont encor[2] charmés :
Il estime Rodrigue autant que vous l'aimez,
Et si je ne m'abuse[3] à lire[4] dans son âme, 5
Il vous commandera de répondre à sa flamme[5].

CHIMÈNE

Dis-moi donc, je te prie, une seconde fois
Ce qui te fait juger qu'il approuve mon choix :
Apprends-moi de nouveau quel espoir j'en dois prendre[6] ;
Un si charmant discours ne se peut trop entendre[7] ; 10
Tu ne peux trop promettre aux feux[8] de notre amour
La douce liberté de se montrer au jour.
Que t'a-t-il répondu sur la secrète brigue[9]
Que font auprès de toi Don Sanche et Don Rodrigue ?
N'as-tu point trop fait voir quelle inégalité 15
Entre ces deux amants[10] me penche d'un côté ?

ELVIRE

Non ; j'ai peint votre cœur dans une indifférence
Qui n'enfle d'aucun d'eux ni détruit l'espérance[11],
Et sans les voir d'un œil trop sévère ou trop doux,
Attend l'ordre d'un père à[12] choisir un époux. 20
Ce respect l'a ravi, sa bouche et son visage
M'en ont donné sur l'heure[13] un digne témoignage,

1. **Déguises-tu ? :** caches-tu ?
2. **Encor :** orthographe autorisée en poésie.
3. **Si je ne m'abuse :** si je ne me trompe pas.
4. **À lire :** en lisant.
5. **À sa flamme :** à son amour.
6. **J'en dois prendre :** je dois en tirer.
7. **Vers 10 :** on n'entend jamais trop un discours aussi séduisant.
8. **Feux :** sentiments passionnés, passion amoureuse.
9. **Brigue :** pression des deux rivaux sur Elvire pour qu'elle plaide leur cause auprès de Chimène.
10. **Amants :** ici, prétendants.
11. **Vers 18 :** qui n'encourage ni ne décourage aucun des deux.
12. **À :** pour.
13. **Sur l'heure :** immédiatement.

Et puisqu'il vous en faut encor faire un récit,
Voici d'eux et de vous ce qu'en hâte il m'a dit :
25 « Elle est dans le devoir ; tous deux sont dignes d'elle,
Tous deux formés d'un sang noble, vaillant, fidèle,
Jeunes, mais qui font lire aisément dans leurs yeux
L'éclatante vertu de leurs braves aïeux[14].
Don Rodrigue surtout n'a trait en son visage
30 Qui d'un homme de cœur ne soit la haute image,
Et sort d'une maison si féconde en guerriers,
Qu'ils y prennent naissance au milieu des lauriers[15].
La valeur de son père, en son temps sans pareille,
Tant qu'a duré sa force, a passé pour merveille[16] ;
35 Ses rides sur son front ont gravé ses exploits,
Et nous disent encor ce qu'il fut autrefois.
Je me promets du fils ce que j'ai vu du père ;
Et ma fille, en un mot, peut l'aimer et me plaire. »
Il allait au Conseil[17], dont l'heure qui pressait
40 A tranché[18] ce discours qu'à peine il commençait ;
Mais à ce peu de mots je crois que sa pensée
Entre vos deux amants n'est pas fort balancée[19].
Le Roi doit à son fils élire[20] un Gouverneur,
Et c'est lui[21] que regarde un tel degré d'honneur :
45 Ce choix n'est pas douteux[22], et sa rare vaillance
Ne peut souffrir qu'on craigne aucune concurrence[23].
Comme ses hauts exploits le rendent sans égal,
Dans un espoir si juste il sera sans rival ;
Et puisque don Rodrigue a résolu[24] son père
50 Au sortir du Conseil à proposer l'affaire[25],
Je vous laisse à juger s'il prendra bien son temps[26],
Et si tous vos désirs seront bientôt contents[27].

14. **Braves aïeux :** courageux ancêtres.
15. **Lauriers :** symboles de victoire, en particulier militaire.
16. **Merveille :** phénomène extraordinaire, prodige.
17. **Conseil :** réunion au cours de laquelle le Roi consulte les nobles.
18. **Tranché :** arrêté.
19. **Balancée :** hésitante.
20. **Élire :** choisir.
21. **Lui :** le Comte, votre père.
22. **N'est pas douteux :** ne fait aucun doute.
23. **Vers 45-46 :** il est si vaillant qu'aucun concurrent n'est à craindre.
24. **Résolu :** décidé.
25. **L'affaire :** le mariage avec Chimène.
26. **S'il prendra bien son temps :** si don Diègue choisira le bon moment.
27. **Contents :** satisfaits.

CHIMÈNE
Il semble toutefois que mon âme troublée
Refuse cette joie, et s'en trouve accablée :
Un moment donne au sort des visages divers, 55
Et dans ce grand bonheur je crains un grand revers[28].

ELVIRE
Vous verrez cette crainte heureusement déçue[29].

CHIMÈNE
Allons, quoi qu'il en soit, en attendre l'issue.

28. **Revers :** retournement de situation fâcheux.

29. **Déçue :** trompée, démentie.

Ci-contre :
Chimène et Elvire (Danièle Gérard et Colette Bergé), théâtre de l'Athénée, novembre 1963.

Scène 2

L'INFANTE, LÉONOR, LE PAGE

L'INFANTE
Page, allez avertir Chimène de ma part
60 Qu'aujourd'hui pour me voir elle attend un peu tard,
Et que mon amitié se plaint de sa paresse.

(Le Page rentre[1].)

LÉONOR
Madame, chaque jour même désir vous presse :
Et dans son entretien[2] je vous vois chaque jour
Demander en quel point se trouve son amour.

L'INFANTE
65 Ce n'est pas sans sujet[3] : je l'ai presque forcée
À recevoir les traits[4] dont son âme est blessée.
Elle aime don Rodrigue, et le tient de ma main,
Et par moi don Rodrigue a vaincu son dédain[5] :
Ainsi de ces amants ayant formé les chaînes[6],
70 Je dois prendre intérêt à voir finir leurs peines.

LÉONOR
Madame, toutefois parmi leurs bons succès[7]
Vous montrez un chagrin qui va jusqu'à l'excès.
Cet amour, qui tous deux les comble d'allégresse,
Fait-il de ce grand cœur la profonde tristesse,
75 Et ce grand intérêt que vous prenez pour eux
Vous rend-il malheureuse alors qu'ils sont heureux ?
Mais je vais trop avant, et deviens indiscrète.

1. **Rentre :** retourne dans les coulisses.
2. **Dans son entretien :** quand vous parlez avec elle.
3. **Sans sujet :** sans raison.
4. **Les traits :** les émotions amoureuses, assimilées aux flèches de l'Amour.
5. **Son dédain :** l'indifférence qu'elle manifestait auparavant.
6. **Les chaînes :** les sentiments amoureux qui les lient.
7. **Leurs bons succès :** ce qui leur arrive d'heureux.

L'INFANTE
Ma tristesse redouble à la tenir secrète.
Écoute, écoute enfin comme[8] j'ai combattu,
Écoute quels assauts brave encor ma vertu. 80
L'amour est un tyran qui n'épargne personne :
Ce jeune cavalier, cet amant que je donne,
Je l'aime.

LÉONOR
Vous l'aimez!

L'INFANTE
Mets la main sur mon cœur,
Et vois comme il se trouble au nom de son vainqueur,
Comme il le reconnaît. 85

LÉONOR
Pardonnez-moi, Madame,
Si je sors du respect pour blâmer cette flamme.
Une grande princesse à ce point s'oublier[9]
Que d'admettre en son cœur un simple cavalier[10]!
Et que dirait le Roi, que dirait la Castille?
Vous souvient-il[11] encor de qui vous êtes fille? 90

L'INFANTE
Il m'en souvient si bien que j'épandrai mon sang
Avant que je m'abaisse à démentir mon rang[12].
Je te répondrais bien que dans les belles âmes
Le seul mérite a droit de produire des flammes[13];
Et si ma passion cherchait à s'excuser, 95
Mille exemples fameux[14] pourraient l'autoriser;
Mais je n'en veux point suivre où ma gloire s'engage[15];
La surprise des sens[16] n'abat point mon courage;

8. **Comme :** combien.
9. **S'oublier :** oublier son rang, se laisser aller.
10. **Cavalier :** gentilhomme sachant manier les armes.
11. **Vous souvient-il :** vous souvenez-vous ?
12. **Démentir mon rang :** avoir un comportement contraire à mon rang.
13. **Produire des flammes :** susciter de l'amour.
14. **Fameux :** célèbres.
15. **Vers 97 :** je ne veux pas suivre ces exemples quand ma réputation est en jeu.
16. **La surprise des sens :** l'amour.

Hymen ou hyménée

Dans la mythologie grecque, Hymenaeos est le dieu qui personnifie le mariage. Son nom était crié par les invités des noces. Au XVIIe siècle, *hymen* et *hyménée* désignent le mariage, en langage soutenu.

Et je me dis toujours qu'étant fille de roi,
100 Tout autre qu'un monarque est indigne de moi.
Quand je vis que mon cœur ne se pouvait défendre,
Moi-même je donnai ce que je n'osais prendre.
Je mis, au lieu de moi, Chimène en ses liens,
Et j'allumai leurs feux pour éteindre les miens.
105 Ne t'étonne donc plus si mon âme gênée[17]
Avec impatience attend leur hyménée :
Tu vois que mon repos en dépend aujourd'hui.
Si l'amour vit d'espoir, il périt avec lui :
C'est un feu qui s'éteint, faute de nourriture ;
110 Et malgré la rigueur de ma triste aventure,
Si Chimène a jamais[18] Rodrigue pour mari,
Mon espérance est morte, et mon esprit guéri.
Je souffre cependant un tourment incroyable :
Jusques à[19] cet hymen Rodrigue m'est aimable :
115 Je travaille à le perdre, et le perds à regret ;
Et de là prend son cours[20] mon déplaisir secret.
Je vois avec chagrin que l'amour me contraigne[21]
À pousser des soupirs pour ce que je dédaigne[22] ;
Je sens en deux partis[23] mon esprit divisé :
120 Si mon courage est haut, mon cœur est embrasé ;
Cet hymen m'est fatal, je le crains et souhaite :
Je n'ose en espérer qu'une joie imparfaite.
Ma gloire et mon amour ont pour moi tant d'appas[24],
Que je meurs s'il s'achève ou ne s'achève pas[25].

LÉONOR

125 Madame, après cela je n'ai rien à vous dire,
Sinon que de vos maux avec vous je soupire :
Je vous blâmais tantôt[26], je vous plains à présent ;

17. **Gênée :** torturée.
18. **Jamais :** un jour.
19. **Jusques à :** orthographe acceptée en poésie.
20. **Cours :** origine.
21. **Que l'amour me contraigne :** que l'amour puisse m'obliger.
22. **Vers 118 :** à désirer ce que je refuse.
23. **Deux partis :** deux désirs contradictoires.
24. **Appas :** attraits.
25. **Vers 124 :** Je meurs, que ce mariage soit conclu ou non.
26. **Tantôt :** tout à l'heure.

Mais puisque dans un mal si doux et si cuisant
Votre vertu combat et son charme et sa force,
En repousse l'assaut, en rejette l'amorce, 130
Elle rendra le calme à vos esprits flottants.
Espérez donc tout d'elle, et du secours du temps ;
Espérez tout du ciel[27] : il a trop de justice
Pour laisser la vertu dans un si long supplice.

27. **Du ciel :** de la bonté de Dieu.

Ci-contre : « L'Infante », par le comte Lepic, *120 maquettes de costumes*, 1885.

L'INFANTE

135 Ma plus douce espérance est de perdre l'espoir.

LE PAGE

Par vos commandements Chimène vous vient voir.

L'INFANTE, *à Léonor.*

Allez l'entretenir[28] en cette galerie.

LÉONOR

Voulez-vous demeurer dedans la rêverie ?

L'INFANTE

Non, je veux seulement, malgré mon déplaisir[29],
140 Remettre mon visage[30] un peu plus à loisir.
Je vous suis.

(Seule).

Juste ciel, d'où j'attends mon remède,
Mets enfin quelque borne au mal qui me possède :
Assure mon repos, assure mon honneur.
Dans le bonheur d'autrui je cherche mon bonheur :
145 Cet hyménée à trois également importe[31] ;
Rends son effet plus prompt[32], ou mon âme plus forte.
D'un lien conjugal joindre ces deux amants,
C'est briser tous mes fers[33] et finir mes tourments.
Mais je tarde un peu trop : allons trouver Chimène,
150 Et par son entretien soulager notre peine.

Les mots de l'amour

Au XVIIe siècle, les sentiments amoureux sont souvent désignés par trois métaphores.

- *Les traits* évoquent les flèches envoyées par Cupidon, dieu de l'amour, et les blessures qu'elles font dans le cœur de ceux qui tombent amoureux.
- *La flamme*, *les feux*, désignent la passion qui « brûle » les cœurs.
- *Les liens*, *les chaînes*, *les fers* dépeignent la dépendance amoureuse.

28. **L'entretenir :** lui parler.
29. **Déplaisir :** vif chagrin, douleur.
30. **Remettre mon visage :** retrouver un visage tranquille.
31. **Vers 145 :** ce mariage est important pour trois personnes.
32. **Prompt :** rapide.
33. **Mes fers :** les liens amoureux qui m'emprisonnent.

Pause lecture 1

Avez-vous bien lu ?

- Chimène est amoureuse : ❑ **a.** de don Rodrigue. ❑ **b.** de don Sanche.
- L'Infante est : ❑ **a.** la fille du Comte. ❑ **b.** la fille du Roi.

Au fil du texte

Scène 1

1. D'après les deux premiers vers, que s'est-il passé avant le début de la scène ?
2. De quoi Elvire a-t-elle parlé avec le père de Chimène ?
3. Elvire a-t-elle révélé au Comte la préférence de sa fille ? Pour quelle raison ?
4. **Zoom sur les vers 25 à 38**
   a. Pourquoi ces vers sont-ils entre guillemets ? Que nous apprennent-ils ?
   b. Relevez les termes appartenant au champ lexical de la guerre. Pourquoi sont-ils aussi nombreux ? Aux yeux du Comte, quelle est la principale qualité de don Rodrigue ?
   c. Que nous apprend le Comte sur le père de Rodrigue ?
   d. Quel comportement le Comte attend-il de sa fille ? Quelles expressions le prouvent ?
5. Que doit décider le Conseil du Roi ? Qu'espère le Comte ?
6. Quelle démarche le père de Rodrigue doit-il effectuer à l'issue du Conseil ?
7. Chimène est-elle heureuse de ces nouvelles ? Comment s'appelle le sentiment qu'elle exprime au vers 56 ?

Scène 2

8 Quel rôle l'Infante a-t-elle joué auprès de Chimène et de Rodrigue ?

9 Qu'avoue l'Infante à Léonor ? Comment Léonor réagit-elle à cette nouvelle ?

10 Relevez les termes utilisés pour désigner les sentiments amoureux dans les vers 92 à 104. Ont-ils leur sens propre ? Nommez cette figure de style.

11 Quels sentiments Léonor exprime-t-elle dans les vers 125-127 ?

12 Quels arguments emploie-t-elle pour réconforter l'Infante ?

Pour conclure

13 Qui d'Elvire ou de Chimène prévoit le mieux, selon vous, la suite des événements ? Justifiez votre réponse.

14 En quoi la situation de l'Infante est-elle tragique ?

Vocabulaire Le lexique du corps : sens concret et sens abstrait

Plusieurs mots désignant des parties du corps sont employés avec un sens abstrait. Ainsi le mot *cœur*, au vers 17, ne désigne pas l'organe mais les sentiments de Chimène.

▸ **Donnez l'équivalent abstrait des mots suivants :** œil (v. 19) – sang (v. 26) – cœur (v. 30) – rides sur le front (v. 35) – visages (v. 55).

Écriture

En poésie, il est possible de modifier l'ordre habituel des mots, par exemple en déplaçant les compléments du verbe ou du nom.

Réécrivez les vers 24, 29-30 et 43 en mettant les groupes de mots dans l'ordre habituel. Donnez la fonction grammaticale des groupes de mots déplacés.

Scène 3

LE COMTE, DON DIÈGUE

LE COMTE
Enfin vous l'emportez, et la faveur[1] du Roi
Vous élève en un rang qui n'était dû qu'à moi :
Il vous fait gouverneur du prince de Castille.

DON DIÈGUE
Cette marque d'honneur qu'il met dans ma famille
Montre à tous qu'il est juste, et fait connaître assez 155
Qu'il sait récompenser les services passés.

LE COMTE
Pour grands que soient les rois[2], ils sont ce que nous sommes :
Ils peuvent se tromper comme les autres hommes ;
Et ce choix sert de preuve à tous les courtisans[3]
Qu'ils savent mal payer les services présents. 160

DON DIÈGUE
Ne parlons plus d'un choix dont votre esprit s'irrite :
La faveur l'a pu faire autant que le mérite ;
Mais on doit ce respect au pouvoir absolu,
De n'examiner rien[4] quand un roi l'a voulu.
À l'honneur qu'il m'a fait ajoutez-en un autre ; 165
Joignons d'un sacré nœud[5] ma maison[6] à la vôtre :
Vous n'avez qu'une fille, et moi je n'ai qu'un fils ;
Leur hymen nous peut rendre à jamais[7] plus qu'amis :
Faites-nous cette grâce, et l'acceptez pour gendre.

LE COMTE
À des partis[8] plus hauts ce beau fils doit prétendre ; 170

1. **La faveur :** la préférence.
2. **Pour grands que soient les rois :** bien que les rois soient grands.
3. **Courtisans :** ceux qui fréquentent la cour du Roi.
4. **N'examiner rien :** ne rien discuter.
5. **Un sacré nœud :** un nœud (un lien) sacré.
6. **Ma maison :** ma famille.
7. **À jamais :** pour toujours.
8. **Des partis :** des alliances.

Et le nouvel éclat de votre dignité
Lui doit enfler le cœur d'une autre vanité.
Exercez-la, Monsieur, et gouvernez le Prince :
Montrez-lui comme il faut régir une province,
175 Faire trembler partout les peuples sous sa loi,
Remplir les bons d'amour, et les méchants d'effroi.
Joignez à ces vertus celles d'un capitaine :
Montrez-lui comme il faut s'endurcir à la peine,
Dans le métier de Mars se rendre sans égal,
180 Passer les jours entiers et les nuits à cheval,
Reposer tout armé, forcer une muraille,
Et ne devoir qu'à soi le gain d'une bataille.
Instruisez-le d'exemple[9], et rendez-le parfait,
Expliquant à ses yeux vos leçons par l'effet[10].

DON DIÈGUE

185 Pour s'instruire d'exemple, en dépit de l'envie[11],
Il lira seulement l'histoire de ma vie.
Là, dans un long tissu de belles actions,
Il verra comme[12] il faut dompter des nations,
Attaquer une place, ordonner une armée,
190 Et sur de grands exploits bâtir sa renommée.

LE COMTE

Les exemples vivants sont d'un autre pouvoir;
Un prince dans un livre apprend mal son devoir.
Et qu'a fait après tout ce grand nombre d'années,
Que ne puisse égaler une de mes journées[13] ?
195 Si vous fûtes vaillant, je le suis aujourd'hui,
Et ce bras du royaume est le plus ferme appui.
Grenade et l'Aragon[14] tremblent quand ce fer brille;
Mon nom sert de rempart à toute la Castille :

9. **D'exemple :** par votre exemple.
10. **L'effet :** la réalité, les actes.
11. **En dépit de l'envie :** même si cela vous rend jaloux.
12. **Comme :** comment.
13. **Journées :** batailles.
14. **Grenade, Aragon :** royaumes voisins de la Castille.

Sans moi, vous passeriez bientôt sous d'autres lois,
Et vous auriez bientôt vos ennemis pour rois. 200
Chaque jour, chaque instant, pour rehausser ma gloire,
Met lauriers sur lauriers, victoire sur victoire :
Le prince à mes côtés ferait dans les combats
L'essai de son courage à l'ombre de mon bras ;
Il apprendrait à vaincre en me regardant faire ; 205
Et pour répondre en hâte à son grand caractère,
Il verrait...

DON DIÈGUE

Je le sais, vous servez bien le Roi.
Je vous ai vu combattre et commander sous moi[15].
Quand l'âge dans mes nerfs a fait couler sa glace,
Votre rare valeur a bien rempli ma place ; 210
Enfin, pour épargner les discours superflus,
Vous êtes aujourd'hui ce qu'autrefois je fus.
Vous voyez toutefois qu'en cette concurrence
Un monarque entre nous met quelque différence.

LE COMTE

Ce que je méritais, vous l'avez emporté. 215

DON DIÈGUE

Qui l'a gagné sur vous l'avait mieux mérité.

LE COMTE

Qui peut mieux l'exercer en est bien le plus digne.

DON DIÈGUE

En être refusé n'en est pas un bon signe.

LE COMTE

Vous l'avez eu par brigue[16], étant vieux courtisan[17].

15. **Sous moi :** sous mes ordres.

16. **Par brigue :** en intriguant, en manœuvrant.

17. **Courtisan** a ici un sens péjoratif.

Don Diègue
220 L'éclat de mes hauts faits[18] fut mon seul partisan.

Le Comte
Parlons-en mieux, le Roi fait honneur à votre âge.

Don Diègue
Le Roi, quand il en fait, le mesure au courage.

Le Comte
Et par là cet honneur n'était dû qu'à mon bras.

Don Diègue
Qui n'a pu l'obtenir ne le méritait pas.

Le Comte
225 Ne le méritait pas ! moi ?

Don Diègue
Vous.

Le Comte
Ton impudence[19],
Téméraire[20] vieillard, aura sa récompense.
(Il lui donne un soufflet.)

Don Diègue, *mettant l'épée à la main.*
Achève, et prends ma vie après un tel affront[21],
Le premier dont ma race ait vu rougir son front.

Le Comte
Et que penses-tu faire avec tant de faiblesse ?

Don Diègue
230 Ô Dieu ! ma force usée en ce besoin me laisse[22] !

Le soufflet : offense et réparation

Le soufflet est un coup donné au visage du revers, du plat de la main ou à l'aide d'un gant. Cette gifle constitue une grave offense, une atteinte à l'honneur de l'offensé. Celui-ci doit exiger réparation, c'est-à-dire se venger de l'offenseur, en le provoquant en duel.

18. **Hauts faits :** exploits.
19. **Impudence :** insolence, arrogance.
20. **Téméraire :** imprudent.
21. **Affront :** offense.
22. **Me laisse :** me trahit.

Le Comte

Ton épée est à moi[23] ; mais tu serais trop vain,
Si ce honteux trophée avait chargé ma main[24].
Adieu : fais lire au Prince, en dépit de l'envie,
Pour son instruction, l'histoire de ta vie :
D'un insolent discours ce juste châtiment[25]
235 Ne lui servira pas d'un petit ornement.

23. **Ton épée est à moi :** *le Comte a saisi l'épée que Don Diègue a laissé échapper.*

24. **Vers 231-232 :** Tu tirerais encore de la fierté si je m'abaissais à m'emparer de l'épée d'un vieillard.

25. **Juste châtiment :** *il s'agit du soufflet.*

Ci-contre : Gravure d'Hubert Gravelot, Paris, BNF.

Scène 4

DON DIÈGUE

L'honneur

Au XVIIe siècle, l'honneur désigne à la fois le sentiment de sa propre valeur et l'obligation de suivre des règles de comportement pour conserver une haute réputation morale. Toute atteinte au *point d'honneur* appelle vengeance.

DON DIÈGUE

Ô rage ! ô désespoir ! ô vieillesse ennemie !
N'ai-je donc tant vécu que pour cette infamie[1] ?
Et ne suis-je blanchi[2] dans les travaux guerriers
240 Que pour voir en un jour flétrir[3] tant de lauriers ?
Mon bras, qu'avec respect toute l'Espagne admire,
Mon bras, qui tant de fois a sauvé cet empire,
Tant de fois affermi le trône de son roi,
Trahit donc ma querelle[4], et ne fait rien pour moi ?
245 Ô cruel souvenir de ma gloire passée !
Œuvre de tant de jours en un jour effacée !
Nouvelle dignité[5], fatale à mon bonheur !
Précipice élevé d'où tombe mon honneur !
Faut-il de votre éclat voir triompher le Comte,
250 Et mourir sans vengeance, ou vivre dans la honte ?
Comte, sois de mon prince à présent gouverneur :
Ce haut rang n'admet point un homme sans honneur ;
Et ton jaloux orgueil, par cet affront insigne[6],
Malgré le choix du Roi, m'en a su rendre indigne.
255 Et toi, de mes exploits glorieux instrument,
Mais d'un corps tout de glace inutile ornement,
Fer[7], jadis tant à craindre, et qui, dans cette offense,
M'a servi de parade[8], et non pas de défense,
Va, quitte désormais le dernier des humains,
260 Passe, pour me venger, en de meilleures mains.

1. **Infamie :** déshonneur.
2. **Ne suis-je blanchi :** mes cheveux ne sont-ils devenus blancs ?
3. **Flétrir :** faner, déshonorer.
4. **Ma querelle :** ma cause.
5. **Nouvelle dignité :** la nomination comme gouverneur du prince.
6. **Insigne :** remarquable, extraordinaire.
7. **Fer :** épée.
8. **Parade :** ornement.

Jean Marais (don Diègue), mise en scène de Francis Huster, théâtre du Rond-Point, 1985.

Bruno Sermonne (don Diègue), mise en scène d'Alain Ollivier, théâtre Gérard-Philipe, 2007.

Pause lecture 2 ACTE I ◆ scènes 3 et 4

Avez-vous bien lu ?

- Qui a été nommé gouverneur ? ❑ **a.** le Comte. ❑ **b.** don Diègue.
- Qui a donné un soufflet ? ❑ **a.** don Diègue. ❑ **b.** le Comte.

Au fil du texte

Scène 3

1. Quels traits de caractère du Comte apparaissent dans ses deux premières répliques ?
2. Dans quels vers Don Diègue essaie-t-il de calmer la colère du Comte ? Quels arguments utilise-t-il ?
3. Quelle demande Don Diègue fait-il au Comte ? A-t-il bien choisi son moment ?
4. **Zoom sur les vers 170 à 214**
   a. Reformulez les arguments du Comte pour contester le choix du Roi.
   b. Quelles affirmations sont particulièrement blessantes pour don Diègue ?
   c. À votre avis, lequel des deux hommes a la position la plus juste ? Pourquoi ?
5. Quels changements interviennent dans la conversation à partir du vers 215 ? et à partir des vers 225-226 ? Que révèlent-ils ?
6. Que devrait entraîner le soufflet infligé par le Comte ? Pourquoi cette suite attendue ne peut-elle se réaliser ?
7. Sur quel ton le Comte prononce-t-il sa dernière réplique ? Quelle figure de style est utilisée dans les deux derniers vers ?

Scène 4

8 Qui est présent dans la scène 4 ? Comment appelle-t-on ce type de scène ?

9 Certains vers s'adressent à des interlocuteurs : lesquels ?

10 Relevez les termes qui renvoient à l'âge de don Diègue et ceux qui désignent son déshonneur.

11 Quel vers résume le dilemme* auquel don Diègue est confronté ?

12 Observez les types de phrases des vers 238 à 244 puis 245 à 248. Interprétez le changement.

Pour conclure

13 Qu'avons-nous appris sur le Comte et sur don Diègue ? En quoi se ressemblent-ils ? En quoi sont-ils différents ?

14 Quelles conséquences leur querelle risque-t-elle d'avoir ?

Vocabulaire La guerre

a. Dans les vers 173 à 207, relevez le champ lexical de la guerre.

b. Cherchez qui était le dieu Mars dans la mythologie romaine, puis expliquez l'expression *le métier de Mars* (v. 179). Comment appelle-t-on cette figure de style ?

c. Rappelez la définition de la stichomythie*. Où le procédé apparaît-il dans la scène ? Pourquoi est-il comparable à un duel ?

Lecture à haute voix

Vers 185 à 190

a. En combien de syllabes devez-vous prononcer les mots *s'instruire* – *seulement* – *histoire* ? Pourquoi ?

b. Combien de syllabes devez-vous prononcer pour lire les mots *actions* et *nations* ? Comment s'appelle ce phénomène ?

Scène 5

DON DIÈGUE, DON RODRIGUE

DON DIÈGUE

Rodrigue, as-tu du cœur[1] ?

DON RODRIGUE

Tout autre que mon père

L'éprouverait sur l'heure[2].

DON DIÈGUE

Agréable colère !

Digne ressentiment à ma douleur bien doux !

Je reconnais mon sang à ce noble courroux[3] ;

265 Ma jeunesse revit en cette ardeur si prompte.

Viens, mon fils, viens, mon sang, viens réparer ma honte ;

Viens me venger.

DON RODRIGUE

De quoi ?

DON DIÈGUE

D'un affront si cruel,

Qu'à l'honneur de tous deux il porte un coup mortel :

D'un soufflet. L'insolent en eût perdu la vie ;

270 Mais mon âge a trompé ma généreuse envie :

Et ce fer que mon bras ne peut plus soutenir,

Je le remets au tien pour venger et punir.

Va contre un arrogant éprouver ton courage :

Ce n'est que dans le sang qu'on lave un tel outrage ;

275 Meurs ou tue. Au surplus, pour ne te point flatter[4],

Je te donne à combattre un homme à redouter :

1. **Cœur :** courage.
2. **L'éprouverait sur l'heure :** en aurait la preuve tout de suite.
3. **Courroux :** irritation.
4. **Flatter :** tromper.

Je l'ai vu, tout couvert de sang et de poussière,
Porter partout l'effroi dans une armée entière.
J'ai vu par sa valeur cent escadrons[5] rompus ;
Et pour t'en dire encor quelque chose de plus, 280
Plus que brave soldat, plus que grand capitaine,
C'est…

DON RODRIGUE

De grâce, achevez.

DON DIÈGUE

Le père de Chimène.

DON RODRIGUE

Le…

DON DIÈGUE

Ne réplique point, je connais ton amour ;
Mais qui peut vivre infâme est indigne du jour.
Plus l'offenseur est cher, et plus grande est l'offense. 285
Enfin tu sais l'affront, et tu tiens la vengeance :
Je ne te dis plus rien. Venge-moi, venge-toi ;
Montre-toi digne fils d'un père tel que moi.
Accablé des malheurs où le destin me range,
Je vais les déplorer : va, cours, vole, et nous venge. 290

La vengeance

Dans les sociétés anciennes, en particulier méditerranéennes, la vengeance est considérée comme légitime : elle rend un mal pour un mal et rétablit l'honneur de la victime. Elle s'impose à tous les membres du groupe et se reporte sur la descendance de l'offenseur comme sur celle de l'offensé.
Cette conception a été combattue par la notion chrétienne de pardon et par la conception moderne de la justice, qui implique qu'on ne se fasse jamais justice soi-même.

5. **Escadrons :** bataillons.

Scène 6

DON RODRIGUE

DON RODRIGUE

Percé jusques au fond du cœur
D'une atteinte imprévue aussi bien que mortelle,
Misérable vengeur d'une juste querelle,
Et malheureux objet d'une injuste rigueur,
295 Je demeure immobile, et mon âme abattue
Cède au coup qui me tue.
Si près de voir mon feu[1] récompensé,
Ô Dieu, l'étrange peine !
En cet affront mon père est l'offensé,
300 Et l'offenseur le père de Chimène !

Que je sens de rudes combats !
Contre mon propre honneur mon amour s'intéresse[2] :
Il faut venger un père, et perdre une maîtresse :
L'un m'anime le cœur, l'autre retient mon bras.
305 Réduit au triste choix ou de trahir ma flamme,
Ou de vivre en infâme[3],
Des deux côtés mon mal est infini.
Ô Dieu, l'étrange peine !
Faut-il laisser un affront impuni ?
310 Faut-il punir le père de Chimène ?

Père, maîtresse, honneur, amour,
Noble et dure contrainte, aimable tyrannie,
Tous mes plaisirs sont morts, ou ma gloire ternie.
L'un me rend malheureux, l'autre indigne du jour.
315 Cher et cruel espoir d'une âme généreuse[4],

1. **Feu :** amour.
2. **S'intéresse :** prend parti.
3. **Infâme :** homme déshonoré.
4. **Généreuse :** noble.

Mais ensemble amoureuse,
Digne ennemi de mon plus grand bonheur,
Fer qui causes ma peine,
M'es-tu donné pour venger mon honneur ?
M'es-tu donné pour perdre ma Chimène ? 320

Il vaut mieux courir au trépas[5].
Je dois à ma maîtresse aussi bien qu'à mon père :
J'attire en me vengeant sa haine et sa colère ;
J'attire ses mépris en ne me vengeant pas. 325
À mon plus doux espoir l'un me rend infidèle,
Et l'autre indigne d'elle.
Mon mal augmente à le vouloir guérir ;
Tout redouble ma peine.
Allons, mon âme ; et puisqu'il faut mourir,
Mourons du moins sans offenser Chimène. 330

Mourir sans tirer ma raison[6] !
Rechercher un trépas si mortel à ma gloire !
Endurer que l'Espagne impute à ma mémoire[7]
D'avoir mal soutenu l'honneur de ma maison !
Respecter un amour dont mon âme égarée 335
Voit la perte assurée !
N'écoutons plus ce penser suborneur[8],
Qui ne sert qu'à ma peine.
Allons, mon bras, sauvons du moins l'honneur,
Puisqu'après tout il faut perdre Chimène. 340

Oui, mon esprit s'était déçu[9].
Je dois tout à mon père avant qu'à ma maîtresse :
Que je meure au combat, ou meure de tristesse,
Je rendrai mon sang pur comme je l'ai reçu.

5. **Au trépas :** à la mort.
6. **Tirer ma raison :** me venger.
7. **Impute à ma mémoire :** me reproche, après ma mort.
8. **Suborneur :** trompeur.
9. **S'était déçu :** s'était trompé.

345 Je m'accuse déjà de trop de négligence :
Courons à la vengeance ;
Et tout honteux d'avoir tant balancé[10],
Ne soyons plus en peine,
Puisqu'aujourd'hui mon père est l'offensé,
350 Si l'offenseur est père de Chimène.

10. **Balancé :** hésité.

Ci-contre :
Gérard Philipe
dans *Le Cid* de Corneille.
Festival de Suresnes.
T.N.P., novembre 1951.

Avez-vous bien lu ?

- Don Diègue exige de Rodrigue : ❑ **a.** qu'il poursuive le Comte en justice. ❑ **b.** qu'il tue le Comte en duel.
- Rodrigue décide finalement : ❑ **a.** de venger son père. ❑ **b.** de se suicider.

Au fil du texte

Scène 5

1. Pourquoi la première question de son père provoque-t-elle la « colère » (v. 262) de Rodrigue ? Pourquoi cette réaction plaît-elle à don Diègue ?
2. Dans les vers 266 à 269, observez la répartition des phrases sur les vers : quels mots sont mis en valeur ?
3. Dans les vers 269 à 276, comment don Diègue désigne-t-il celui qui l'a offensé ? Pourquoi choisit-il ces termes ?
4. Quelle est, aux yeux de don Diègue, la valeur suprême, pour laquelle on doit mourir ? En quoi consiste, à ses yeux, le devoir d'un fils ?
5. Quel verbe est répété dans les vers 287 à 290 ? à quel mode ? A-t-il déjà été employé dans cette scène ? Que signifie-t-il précisément ?
6. Comparez le temps de parole du père et celui du fils : que pouvez-vous en déduire ?

Scène 6

7. Dans chacune des stances* (strophes) 1 à 3, relevez les deux vers qui résument le dilemme* de Rodrigue. Où sont-ils placés ? Que ressent Rodrigue ?

Pause lecture 3

8. Quelles valeurs entrent en conflit ? Relevez dans la deuxième stance le vers qui traduit ce conflit. Dans la stance 4, laquelle de ces valeurs semble prendre le dessus ?
9. Que traduit la ponctuation des vers 331 à 336 ?
10. Pourquoi Rodrigue décide-t-il de ne pas mourir sans combattre ? Expliquez le sens des vers 339-340.
11. Comparez la stance 6 avec la stance 1 : quelles différences remarquez-vous ? Observez en particulier le lexique et les formes verbales.
12. Comment évolue la ponctuation dans l'ensemble de la scène ?
13. Quelle est la construction de chaque stance ? Observez le nombre de vers, les mètres* utilisés (nombre de syllabes), les rimes.
14. À qui Rodrigue s'adresse-t-il ? Comment appelle-t-on ce type de scène ? Quel intérêt présente-t-elle pour le spectateur ?

Pour conclure

15. Pourquoi peut-on dire que la situation de Rodrigue est tragique ?

Lire une image

Gérard Philipe dans *Le Cid*, TNP, novembre 1951 (p. 38)

1. Que traduit l'expression du visage du comédien ?
2. Pourquoi sa main gauche est-elle posée sur le pommeau de son épée ?
3. De quel point de vue la photo est-elle prise ? Quel est l'effet produit ?

Retour sur…

I L'action

1. Dans quel pays, à quelle époque, dans quel milieu l'action se passe-t-elle ?

2. Comparez la situation à la fin de la scène 1 et à la fin de la scène 6. Que s'est-il passé ?

3. À quels événements le spectateur peut-il s'attendre ?

II Les personnages

4. Lisez la liste des personnages p. 14. Dans quel ordre les personnages sont-ils nommés ? Qui n'a pas encore paru sur scène ?

5. Comparez les scènes 1 et 2 avec les scènes 3 à 6 : quels personnages sont en scène ? Ont-ils les mêmes préoccupations ?

6. Nommez avec précision les sentiments éprouvés par chacun d'eux.

III Les valeurs en conflit

7. Quels personnages sont en conflit les uns avec les autres ? Pour quelles raisons ? Avec quelles conséquences ?

8. Quels personnages sont déchirés par des conflits intérieurs ? Comment tranchent-ils leur dilemme* ? Quelles valeurs l'emportent finalement ?

9. Quels rapports les jeunes gens ont-ils avec leurs pères ? Comment les expliquez-vous ? Les deux générations partagent-elles les mêmes valeurs ?

IV La mise en scène

10. Les personnages féminins ont des statuts sociaux différents. Comment les feriez-vous percevoir au spectateur ?

11. L'acte I comporte deux monologues* : quels problèmes de mise en scène posent-ils ? Quelles solutions proposeriez-vous ?

ACTE II

DON ARIAS, LE COMTE

LE COMTE

Je l'avoue entre nous, mon sang un peu trop chaud
S'est trop ému d'un mot, et l'a porté trop haut[1] ;
Mais puisque c'en est fait, le coup est sans remède.

DON ARIAS

Qu'aux volontés du Roi ce grand courage cède :
355 Il y prend grande part[2], et son cœur irrité
Agira contre vous de pleine autorité.
Aussi[3] vous n'avez point de valable défense.
Le rang de l'offensé, la grandeur de l'offense,
Demandent des devoirs et des submissions[4] ?
360 Qui passent le commun des satisfactions[5].

LE COMTE

Le Roi peut, à son gré, disposer de ma vie.

DON ARIAS

De trop d'emportement[6] votre faute est suivie.
Le Roi vous aime encore ; apaisez son courroux[7].
Il a dit : « Je le veux » ; désobéirez-vous ?

LE COMTE

365 Monsieur, pour conserver tout ce que j'ai d'estime[8],
Désobéir un peu n'est pas un si grand crime ;
Et quelque grand qu'il[9] soit, mes services présents
Pour le faire abolir[10] sont plus que suffisants.

DON ARIAS

Quoi qu'on fasse d'illustre et de considérable,

1. **L'a porté trop haut :** a réagi avec trop d'orgueil.
2. **Il y prend grande part :** le Roi se préoccupe beaucoup de cette affaire.
3. **Aussi :** de plus.
4. **Submissions = soumissions :** marques d'obéissance.
5. **Vers 360 :** qui dépassent les simples excuses.
6. **Emportement :** fureur.
7. **Courroux :** colère.
8. **Ce que j'ai d'estime :** le sentiment de ma propre valeur.
9. **Quelque grand qu'il soit :** même si mon crime est grand.
10. **Abolir :** annuler, effacer.

Jamais à son sujet un roi n'est redevable[11]. 370
Vous vous flattez beaucoup[12], et vous devez savoir
Que qui sert bien son roi ne fait que son devoir.
Vous vous perdrez, monsieur, sur[13] cette confiance.

LE COMTE
Je ne vous en croirai qu'après l'expérience.

DON ARIAS
Vous devez redouter la puissance d'un roi. 375

LE COMTE
Un jour seul ne perd pas[14] un homme tel que moi.
Que[15] toute sa grandeur s'arme pour mon supplice,
Tout l'État périra, s'il faut que je périsse.

DON ARIAS
Quoi ! vous craignez si peu le pouvoir souverain…

LE COMTE
D'un sceptre[16] qui sans moi tomberait de sa main. 380
Il a trop d'intérêt lui-même en ma personne,
Et ma tête en tombant ferait choir[17] sa couronne.

DON ARIAS
Souffrez[18] que la raison remette[19] vos esprits.
Prenez un bon conseil[20].

LE COMTE
Le conseil en est pris.

DON ARIAS
Que lui dirai-je enfin ? je lui dois rendre conte[21]. 385

De la féodalité au pouvoir absolu

La féodalité est le système politique et social dominant au Moyen Âge. Le pouvoir est aux mains des seigneurs, hommes de guerre régnant sur un fief et soutenus par des vassaux. Les seigneurs prêtent allégeance au roi, mais beaucoup d'entre eux, comme le Comte, contestent son pouvoir. C'est seulement sous Louis XIV que le pouvoir du roi sera absolu.

11. **Vers 370 :** un roi n'a jamais de dette envers un de ses sujets.
12. **Vous vous flattez beaucoup :** vous vous faites des illusions sur votre position.
13. **Sur cette confiance :** si vous restez sur cette illusion.
14. **Ne perd pas :** ne détruit pas.
15. **Que :** si.
16. **Sceptre :** bâton symbolisant le pouvoir royal.
17. **Choir :** tomber.
18. **Souffrez :** acceptez.
19. **Remette :** apaise.
20. **Conseil :** décision.
21. **Conte** = compte.

La foudre et le laurier

Dans la mythologie gréco-latine, la (ou le) foudre est l'attribut de Zeus (Jupiter pour les Romains), qui règne sur les autres dieux. Il l'utilise pour manifester sa colère.
Le laurier est un attribut sacré du dieu Apollon. Les Grecs pensaient donc que le laurier ne pouvait pas être atteint par la foudre.

LE COMTE

Que je ne puis du tout consentir à ma honte[22].

DON ARIAS

Mais songez que les rois veulent être absolus[23].

LE COMTE

Le sort en est jeté, monsieur, n'en parlons plus.

DON ARIAS

Adieu donc, puisqu'en vain je tâche à vous résoudre :
390 Avec tous vos lauriers, craignez encore le foudre[24].

LE COMTE

Je l'attendrai sans peur.

DON ARIAS

Mais non pas sans effet[25].

LE COMTE

Nous verrons donc par là don Diègue satisfait[26].

(Il est seul.)

Qui ne craint point la mort ne craint point les menaces.
J'ai le cœur au-dessus des plus fières disgrâces[27] ;
395 Et l'on peut me réduire[28] à vivre sans bonheur,
Mais non pas me résoudre[29] à vivre sans honneur.

22. **Consentir à ma honte :** accepter la honte de faire des excuses.
23. **Absolus :** obéis.
24. **Le foudre = la foudre :** la colère royale.
25. **Sans effet :** sans conséquence réelle.
26. **Satisfait :** vengé par la punition infligée par le Roi.
27. **Fières disgrâces :** revers de fortune cruels.
28. **Me réduire :** m'obliger.
29. **Me résoudre :** me faire consentir.

Scène 2

LE COMTE, RODRIGUE

DON RODRIGUE
À moi, Comte, deux mots.

LE COMTE
Parle.

DON RODRIGUE
Ôte-moi d'un doute.
Connais-tu bien Don Diègue ?

LE COMTE
Oui.

DON RODRIGUE
Parlons bas ; écoute.
Sais-tu que ce vieillard fut la même vertu[1],
La vaillance et l'honneur de son temps ? le sais-tu ? 400

LE COMTE
Peut-être.

DON RODRIGUE
Cette ardeur que dans les yeux je porte,
Sais-tu que c'est son sang ? le sais-tu ?

LE COMTE
Que m'importe ?

DON RODRIGUE
À quatre pas d'ici je te le fais savoir[2].

1. **La même vertu :** la vertu même.

2. **Je te le fais savoir :** je te le prouve (en me battant contre toi).

LE COMTE

Jeune présomptueux[3] !

DON RODRIGUE

Parle sans t'émouvoir[4].

405 Je suis jeune, il est vrai ; mais aux âmes bien nées[5]
La valeur n'attend point le nombre des années.

LE COMTE

Te mesurer à moi ! qui t'a rendu si vain[6],
Toi qu'on n'a jamais vu les armes à la main ?

DON RODRIGUE

Mes pareils[7] à deux fois ne se font point connaître,
410 Et pour leurs coups d'essai veulent des coups de maître.

LE COMTE

Sais-tu bien qui je suis ?

DON RODRIGUE

Oui ; tout autre que moi
Au seul bruit de ton nom pourrait trembler d'effroi.
Les palmes[8] dont je vois ta tête si couverte
Semblent porter écrit le destin de ma perte[9].
415 J'attaque en téméraire[10] un bras toujours vainqueur,
Mais j'aurai trop de force, ayant assez de cœur.
À qui venge son père il n'est rien impossible.
Ton bras est invaincu, mais non pas invincible.

LE COMTE

Ce grand cœur qui paraît[11] aux discours que tu tiens
420 Par tes yeux, chaque jour, se découvrait aux miens ;
Et croyant voir en toi l'honneur de la Castille,
Mon âme avec plaisir te destinait ma fille.

3. **Présomptueux :** prétentieux et imprudent.
4. **Sans t'émouvoir :** calmement.
5. **Aux âmes bien nées :** pour les gens de naissance noble.
6. **Vain :** vaniteux, prétentieux.
7. **Mes pareils :** les gens comme moi.
8. **Palmes :** symboles des victoires militaires.
9. **Vers 414 :** semblent indiquer que tu vas me tuer.
10. **Téméraire :** imprudent.
11. **Qui paraît :** qui se manifeste.

Je sais ta passion[12], et suis ravi de voir
Que tous ses mouvements[13] cèdent à ton devoir ;
Qu'ils n'ont point affaibli cette ardeur magnanime[14] ; 425
Que ta haute vertu répond à mon estime ;
Et que, voulant pour gendre un cavalier parfait,
Je ne me trompais point au choix que j'avais fait.
Mais je sens que pour toi ma pitié s'intéresse[15] ;
J'admire ton courage, et je plains ta jeunesse. 430
Ne cherche point à faire un coup d'essai fatal ;
Dispense ma valeur d'un combat inégal ;
Trop peu d'honneur pour moi suivrait cette victoire :
À vaincre sans péril, on triomphe sans gloire.
On te croirait toujours abattu sans effort ; 435
Et j'aurais seulement le regret de ta mort.

DON RODRIGUE
D'une indigne pitié ton audace est suivie :
Qui m'ose ôter l'honneur craint de m'ôter la vie !

LE COMTE
Retire-toi d'ici.

DON RODRIGUE
Marchons sans discourir[16].

LE COMTE
Es-tu si las de vivre ? 440

DON RODRIGUE
As-tu peur de mourir ?

LE COMTE
Viens, tu fais ton devoir et le fils dégénère[17]
Qui survit un moment à l'honneur de son père.

12. **Je sais ta passion :** je connais ton amour pour ma fille.
13. **Vers 424 :** que tes sentiments amoureux passent après ton devoir.
14. **Magnanime :** grande et noble.
15. **Ma pitié s'intéresse :** je ressens de la pitié.
16. **Discourir :** perdre de temps en paroles.
17. **Dégénère :** perd la noblesse que ses ancêtres lui ont transmise.

Pause lecture 4 ACTE II ◆ scènes 1 et 2

Avez-vous bien lu ?

Le Comte et Rodrigue quittent la scène :
- ❑ **a.** pour aller chez le Roi.
- ❑ **b.** pour aller se battre.

Au fil du texte

Scène 1

1 Le Comte a-t-l'intention de s'excuser d'avoir giflé don Diègue ?

2 Qu'exige le Roi ? Que risque le Comte en refusant de lui obéir ?

3 Quels traits de caractère du Comte se manifestent dans cette scène ?

Scène 2

4 Zoom sur les vers 397 à 418

a. Sur quel ton Rodrigue s'adresse-t-il au Comte ? Dans quel but ?

b. Avec quels arguments le Comte répond-il à Rodrigue ? Que lui oppose Rodrigue ?

c. Relevez des antithèses* dans les répliques de Rodrigue : quelles contradictions permettent-elles de dépasser ?

d. Trouvez deux sentences* dans ce passage.

5 Quels sentiments le Comte exprime-t-il successivement dans les vers 419 à 436 ?

6 Expliquez les vers 438 et 441-442. Quelle place l'honneur occupe-t-il dans l'échelle des valeurs, pour les deux protagonistes* ?

Pour conclure

7 Quelle image du Comte et de Rodrigue se dessine dans ces deux scènes ? Est-elle conforme à ce que nous savions déjà des deux personnages ?

8 Quelle issue du duel le spectateur peut-il attendre ? Pourquoi ?

Vocabulaire L'honneur

a. Cherchez l'origine étymologique du mot *honneur*. Trouvez d'autres mots de la même famille et observez leur orthographe.

b. Cherchez le sens des expressions : *mettre son point d'honneur – être comblé d'honneurs – commettre un crime d'honneur – jouer pour l'honneur – donner sa parole d'honneur – sauver l'honneur – faire honneur à.*

c. Employez trois de ces expressions dans des phrases de votre invention qui en feront comprendre le sens.

Mise en scène

a. Par groupes de deux, apprenez par cœur le début de la scène 2 (v. 397 à 406).

b. Repérez deux phrases qui sont en même temps des didascalies*.

c. Jouez ce passage sous la direction d'un camarade metteur en scène.

Écriture

« À vaincre sans péril, on triomphe sans gloire » (v. 434). Racontez ou imaginez une anecdote qui pourrait se conclure par cette sentence.

Scène 3

L'INFANTE, CHIMÈNE, LÉONOR

L'INFANTE

Apaise, ma Chimène, apaise ta douleur,
Fais agir ta constance[1] en ce coup de malheur,
445 Tu reverras le calme après ce faible orage,
Ton bonheur n'est couvert que d'un peu de nuage,
Et tu n'as rien perdu pour le voir différer[2].

CHIMÈNE

Mon cœur outré d'ennuis[3] n'ose rien espérer.
Un orage si prompt qui trouble une bonace[4]
450 D'un naufrage certain nous porte la menace ;
Je n'en saurais douter, je péris dans le port.
J'aimais, j'étais aimée, et nos pères d'accord ;
Et je vous en contais la charmante nouvelle
Au malheureux moment que[5] naissait leur querelle,
455 Dont le récit fatal, sitôt qu'on vous l'a fait,
D'une si douce attente a ruiné l'effet.
Maudite ambition, détestable manie[6],
Dont les plus généreux souffrent la tyrannie !
Honneur impitoyable à mes plus chers désirs,
460 Que tu me vas coûter de pleurs et de soupirs !

L'INFANTE

Tu n'as dans leur querelle aucun sujet de craindre :
Un moment l'a fait naître, un moment va l'éteindre.
Elle a fait trop de bruit pour ne pas s'accorder[7],
Puisque déjà le Roi les veut accommoder[8] ;
465 Et tu sais que mon âme, à tes ennuis sensible,

1. **Constance :** force morale, fermeté.
2. **Différer :** retarder.
3. **Outré d'ennuis :** blessé de vifs chagrins.
4. **Bonace :** mer tranquille, sans vent.
5. **Que :** où.
6. **Manie :** obsession, folie.
7. **S'accorder :** se conclure par un accord.
8. **Accommoder :** obliger à s'entendre.

Pour en tarir la source y fera l'impossible.

CHIMÈNE

Les accommodements ne font rien en ce point[9] :
De si mortels affronts ne se réparent point.
En vain on fait agir la force ou la prudence ;
Si l'on guérit le mal, ce n'est qu'en apparence. 470
La haine que les cœurs conservent au-dedans
Nourrit des feux cachés, mais d'autant plus ardents.

L'INFANTE

Le saint nœud qui joindra don Rodrigue et Chimène
Des pères ennemis dissipera la haine ;
Et nous verrons bientôt votre amour le plus fort 475
Par un heureux hymen étouffer ce discord[10].

CHIMÈNE

Je le souhaite ainsi plus que je ne l'espère :
Don Diègue est trop altier[11], et je connais mon père.
Je sens couler des pleurs que je veux retenir ;
Le passé me tourmente, et je crains l'avenir. 480

L'INFANTE

Que crains-tu ? d'un vieillard l'impuissante faiblesse ?

CHIMÈNE

Rodrigue a du courage.

L'INFANTE

Il a trop de jeunesse.

CHIMÈNE

Les hommes valeureux le sont du premier coup.

9. **Ce point :** le « point d'honneur », qui exige réparation par le sang.

10. **Discord :** désaccord.

11. **Altier :** orgueilleux.

La « prison d'amour »

La proposition de l'Infante de faire de Rodrigue son « prisonnier » peut s'entendre au sens littéral : elle a le pouvoir de le faire emprisonner. Mais la présence dans le même vers des mots « prisonnier » et « parfait amant » fait penser au thème de la « prison d'amour ». Cette métaphore qui fait de l'amant le « prisonnier » de la dame aimée est présente dans les poésies de troubadours et dans les romans courtois.

L'INFANTE
Tu ne dois pas pourtant le redouter beaucoup :
485 Il est trop amoureux pour te vouloir déplaire ;
Et deux mots de ta bouche arrêtent sa colère.

CHIMÈNE
S'il ne m'obéit point, quel comble à mon ennui !
Et s'il peut m'obéir, que dira-t-on de lui ?
Étant né ce qu'il est, souffrir un tel outrage !
490 Soit qu'il cède ou résiste au feu[12] qui me l'engage,
Mon esprit ne peut qu'être ou honteux ou confus
De son trop de respect, ou d'un juste refus.

L'INFANTE
Chimène a l'âme haute, et quoique intéressée[13],
Elle ne peut souffrir une basse pensée ;
495 Mais si jusques au jour de l'accommodement
Je fais mon prisonnier de ce parfait amant[14],
Et que j'empêche ainsi l'effet de son courage,
Ton esprit amoureux n'aura-t-il point d'ombrage ?

CHIMÈNE
Ah ! madame, en ce cas je n'ai plus de souci.

12. **Feu :** amour.

13. **Intéressée :** concernée (du fait de son amour pour Rodrigue).

14. **Parfait amant :** terme de l'amour courtois.

Scène 4

L'INFANTE, CHIMÈNE, LÉONOR, LE PAGE

L'INFANTE
Page, cherchez Rodrigue, et l'amenez ici. 500

LE PAGE
Le comte de Gormas et lui…

CHIMÈNE
Bon Dieu ! je tremble.

L'INFANTE
Parlez.

LE PAGE
De ce palais ils sont sortis ensemble.

CHIMÈNE
Seuls ?

LE PAGE
Seuls, et qui semblaient tout bas se quereller.

CHIMÈNE
Sans doute[1] ils sont aux mains, il n'en faut plus parler.
Madame, pardonnez à cette promptitude[2]. 505

1. **Sans doute :** sans aucun doute.
2. **Promptitude :** rapidité.

Scène 5

L'INFANTE, LÉONOR

L'INFANTE
Hélas ! que dans l'esprit je sens d'inquiétude[1] !
Je pleure ses malheurs, son amant me ravit ;
Mon repos m'abandonne, et ma flamme revit.
Ce qui va séparer Rodrigue de Chimène
510 Fait renaître à la fois mon espoir et ma peine ;
Et leur division[2], que je vois à regret,
Dans mon esprit charmé jette un plaisir secret.

LÉONOR
Cette haute vertu qui règne dans votre âme
Se rend-elle[3] si tôt à cette lâche flamme ?

L'INFANTE
515 Ne la nomme point lâche, à présent que chez moi
Pompeuse[4] et triomphante elle me fait la loi ;
Porte-lui du respect, puisqu'elle m'est si chère.
Ma vertu la combat, mais malgré moi, j'espère ;
Et d'un si fol espoir mon cœur mal défendu
520 Vole après un amant que Chimène a perdu.

LÉONOR
Vous laissez choir[5] ainsi ce glorieux courage,
Et la raison chez vous perd ainsi son usage ?

L'INFANTE
Ah ! qu'avec peu d'effet on entend la raison,
Quand le cœur est atteint d'un si charmant poison !
525 Et lorsque le malade aime sa maladie,

1. **Inquiétude :** agitation.
2. **Division :** séparation.
3. **Se rend-elle :** cède-t-elle.
4. **Pompeuse :** grandiose.
5. **Choir :** tomber.

Qu'il a peine à souffrir que l'on y remédie[6] !

LÉONOR

Votre espoir vous séduit, votre mal vous est doux ;
Mais enfin ce Rodrigue est indigne de vous.

L'INFANTE

Je ne le sais que trop ; mais si ma vertu cède,
Apprends comme[7] l'amour flatte un cœur qu'il possède. 530
Si Rodrigue une fois sort vainqueur du combat,
Si dessous sa valeur ce grand guerrier s'abat,
Je puis en faire cas[8], je puis l'aimer sans honte.
Que ne fera-t-il point, s'il peut vaincre le Comte !
J'ose m'imaginer qu'à ses moindres exploits 535
Les royaumes entiers tomberont sous ses lois ;
Et mon amour flatteur déjà me persuade
Que je le vois assis au trône de Grenade,
Les Mores subjugués[9] trembler en l'adorant,
L'Aragon recevoir ce nouveau conquérant, 540
Le Portugal se rendre, et ses nobles journées[10]
Porter delà les mers ses hautes destinées,
Du sang des Africains arroser ses lauriers ;
Enfin tout ce qu'on dit des plus fameux guerriers,
Je l'attends de Rodrigue après cette victoire, 545
Et fais de son amour un sujet de ma gloire[11].

LÉONOR

Mais, Madame, voyez où vous portez son bras,
Ensuite[12] d'un combat qui peut-être n'est pas[13].

L'INFANTE

Rodrigue est offensé, le comte a fait l'outrage ;
Ils sont sortis ensemble, en faut-il davantage ? 550

6. **Remédie :** trouve un remède.
7. **Comme :** combien.
8. **Faire cas :** tenir compte.
9. **Subjugués :** soumis.
10. **Journées :** exploits accomplis chaque jour.
11. **Vers 546 :** je suis fière d'aimer un tel héros.
12. **Ensuite :** à la suite.
13. **Qui peut-être n'est pas :** qui peut-être n'a pas lieu.

Léonor

Eh bien ! Ils se battront, puisque vous le voulez ;
Mais Rodrigue ira-t-il si loin que vous allez ?

L'Infante

Que veux-tu ? je suis folle, et mon esprit s'égare ;
Tu vois par là quels maux cet amour me prépare.
555 Viens dans mon cabinet[14] consoler mes ennuis ;
Et ne me quitte point dans le trouble où je suis.

14. **Cabinet :** pièce destinée au travail, à la réflexion.

Ci-contre :
Le Cid, mise en scène de J.-Ph. Daguerre, avec Ch. Matzneff (l'Infante) et M. Thanael (Léonor), Compagnie « Le Grenier de Babouchka », théâtre Michel, février 2016.

Pause lecture 5

Avez-vous bien lu ?

- Léonor est la suivante ❑ **a.** de Chimène. ❑ **b.** de l'Infante.
- Dans le duel, l'Infante imagine pour Rodrigue : ❑ **a.** une défaite. ❑ **b.** une victoire.

Au fil du texte

Scène 3

1. Quelles sont, pour Chimène, les conséquences du soufflet infligé par son père à Don Diègue ?
2. A-t-elle la même conception de l'honneur que les personnages masculins ? Quels vers le montrent ?
3. L'Infante partage-t-elle son pessimisme ? Quels sont ses arguments, dans les vers 461 à 476 ?
4. Les vers 482-483 et les vers 487 à 492 font écho à des scènes précédentes : lesquelles ? Que peut-on déduire de ces ressemblances ?
5. Quelle solution l'Infante propose-t-elle pour tranquilliser Chimène ?

Scènes 4 et 5

6. À quoi Chimène s'attend-elle après l'annonce du Page ?
7. La réaction de l'Infante est-elle la même que celle de Chimène ?
8. **Zoom sur les vers 523 à 526 et 553 à 556**

   a. À quoi l'amour s'oppose-t-il dans l'esprit de l'Infante ?

   b. Quels termes emploie-t-elle pour parler des sentiments amoureux ? Comment appelle-t-on cette figure de style ?

9 Pourquoi, dans les vers 529 à 546, l'Infante a-t-elle plaisir à imaginer Rodrigue à la tête de plusieurs royaumes ?

Pour conclure

10 Comparez les sentiments de l'Infante à la fin de la scène 5 de l'acte II avec son état d'esprit à la fin de la scène 2 de l'acte I.

11 Quelles suites possibles le spectateur imagine-t-il à la fin de la scène 5 ?

Vocabulaire Ennui (s)

Au XVIIe siècle le mot *ennui(s)* a un sens beaucoup plus fort qu'aujourd'hui.

a. Précisez le sens du mot dans les vers 448-465-487 et donnez un synonyme.

b. Faites deux phrases en employant le mot *ennui(s)* avec des sens modernes.

Lire une image

1 Quels indices permettent de reconnaître l'Infante et sa gouvernante, p. 56 ?

2 Le choix des actrices vous semble-t-il bien convenir à ce que vous savez des deux personnages ?

Scène 6

DON FERNAND, DON ARIAS, DON SANCHE

DON FERNAND
Le Comte est donc si vain[1] et si peu raisonnable !
Ose-t-il croire encor son crime pardonnable ?

DON ARIAS
Je l'ai de votre part longtemps entretenu[2] ;
J'ai fait mon pouvoir[3], Sire, et n'ai rien obtenu. 560

DON FERNAND
Justes cieux ! ainsi donc un sujet téméraire
A si peu de respect et de soin[4] de me plaire !
Il offense don Diègue, et méprise son roi !
Au milieu de ma cour il me donne la loi[5] !
Qu'il soit brave guerrier, qu'il soit grand capitaine, 565
Je saurai bien rabattre[6] une humeur si hautaine ;
Fût-il[7] la valeur même et le dieu des combats,
Il verra ce que c'est que de n'obéir pas.
Quoi qu'ait pu mériter une telle insolence,
Je l'ai voulu d'abord traiter sans violence ; 570
Mais puisqu'il en abuse, allez dès aujourd'hui,
Soit qu'il résiste ou non, vous assurer de lui[8].

DON SANCHE
Peut-être un peu de temps le rendrait moins rebelle :
On l'a pris tout bouillant encor de sa querelle ;
Sire, dans la chaleur d'un premier mouvement, 575
Un cœur si généreux se rend malaisément[9].
Il voit bien qu'il a tort, mais une âme si haute
N'est pas sitôt réduite à confesser sa faute.

1. **Vain :** vaniteux.
2. **Entretenu :** parlé.
3. **J'ai fait mon pouvoir :** j'ai fait mon possible.
4. **Soin :** souci.
5. **Il me donne la loi :** il s'oppose à ma volonté.
6. **Rabattre :** rabaisser.
7. **Fût-il :** même s'il était.
8. **Vous assurer de lui :** l'arrêter, l'emprisonner.
9. **Malaisément :** difficilement.

Scène 6

Les Maures ou Mores

Le terme Maures (Mores, au XVIIe siècle), désigne, à l'époque du Cid, les arabes musulmans qui occupent depuis le début du VIIIe siècle une grande moitié sud de l'Espagne, ainsi que le Portugal.

DON FERNAND

Don Sanche, taisez-vous, et soyez averti
580 Qu'on se rend criminel à prendre son parti.

DON SANCHE

J'obéis, et me tais ; mais, de grâce encor, Sire,
Deux mots en sa défense.

DON FERNAND

Et que pouvez-vous dire ?

DON SANCHE

Qu'une âme accoutumée[10] aux grandes actions
Ne se peut abaisser à des submissions[11] :
585 Elle n'en conçoit point qui s'expliquent sans honte,
Et c'est à ce mot seul qu'a résisté le Comte.
Il trouve en son devoir un peu trop de rigueur,
Et vous obéirait, s'il avait moins de cœur.
Commandez que son bras, nourri dans les alarmes[12],
590 Répare cette injure à la pointe des armes[13] ;
Il satisfera, Sire ; et vienne qui voudra,
Attendant qu'il l'ait su, voici qui répondra[14].

DON FERNAND

Vous perdez le respect ; mais je pardonne à l'âge,
Et j'excuse l'ardeur en un jeune courage.
595 Un roi, dont la prudence a de meilleurs objets,
Est meilleur ménager[15] du sang de ses sujets :
Je veille pour les miens, mes soucis les conservent[16],
Comme le chef[17] a soin des membres qui le servent.
Ainsi votre raison n'est pas raison pour moi :
600 Vous parlez en soldat, je dois agir en roi ;
Et quoi qu'on veuille dire, et quoi qu'il ose croire,

10. **Accoutumée :** habituée.
11. **Submissions = soumissions :** marques d'obéissance.
12. **Nourri dans les alarmes :** habitué depuis toujours à faire face aux menaces de l'ennemi.
13. **Vers 589-590 :** envoyez le Comte faire la guerre.
14. **Vers 591-592 :** je me battrai en duel à sa place.
15. **Meilleur ménager :** plus économe.
16. **Conservent :** protègent.
17. **Le chef :** la tête, le cerveau.

Le Comte à m'obéir ne peut perdre sa gloire.
D'ailleurs l'affront me touche[18] : il a perdu d'honneur
Celui que de mon fils j'ai fait le gouverneur ;
S'attaquer à mon choix, c'est se prendre à moi-même, 605
Et faire un attentat sur le pouvoir suprême.
N'en parlons plus. Au reste, on a vu dix vaisseaux
De nos vieux ennemis arborer[19] les drapeaux ;
Vers la bouche[20] du fleuve ils ont osé paraître.

Don Arias

Les Mores ont appris par force à vous connaître, 610
Et tant de fois vaincus, ils ont perdu le cœur
De se plus hasarder[21] contre un si grand vainqueur.

Don Fernand

Ils ne verront jamais sans quelque jalousie
Mon sceptre, en dépit d'eux, régir[22] l'Andalousie ;
Et ce pays si beau, qu'ils ont trop possédé, 615
Avec un œil d'envie est toujours regardé.
C'est l'unique raison qui m'a fait dans Séville
Placer depuis dix ans le trône de Castille,
Pour les voir de plus près, et d'un ordre plus prompt
Renverser aussitôt ce qu'ils entreprendront. 620

Don Arias

Ils savent aux dépens de leurs plus dignes têtes
Combien votre présence assure vos conquêtes :
Vous n'avez rien à craindre.

Don Fernand

Et rien à négliger.
Le trop de confiance attire le danger,
Et vous n'ignorez pas qu'avec fort peu de peine 625

Séville

Le roi Fernand ou Ferdinand Ier règnait sur le royaume de Castille et León, situé au nord de l'Espagne. Sa capitale était Burgos. Séville sera reconquise par Ferdinand III, en 1248 seulement. Dans les vers 613 à 620, Corneille invente une explication pour justifier son choix d'installer la cour à Séville. La ville est traversée par le Guadalquivir, qui se jette dans l'océan Atlantique, ce qui rend plausible une incursion des Maures par la mer.

18. **Me touche :** me concerne (le Comte est coupable de lèse-majesté).
19. **Arborer :** hisser.
20. **La bouche :** l'embouchure.
21. **De se plus hasarder :** de se risquer encore.
22. **Régir :** dominer.

Un flux de pleine mer jusqu'ici les amène.
Toutefois j'aurais tort de jeter dans les cœurs,
L'avis étant mal sûr, de paniques terreurs.
L'effroi que produirait cette alarme inutile,
630 Dans la nuit qui survient troublerait trop la ville :
Faites doubler la garde aux murs et sur le port.
C'est assez pour ce soir.

Ci-contre :
« Le Roi », par le comte Lepic, *120 maquettes de costumes*, 1885.

Scène 7

DON FERNAND, DON SANCHE, DON ALONSE

DON ALONSE

Sire, le Comte est mort.
Don Diègue, par son fils, a vengé son offense.

DON FERNAND

Dès que j'ai su l'affront, j'ai prévu la vengeance ;
Et j'ai voulu dès lors prévenir[1] ce malheur. 635

DON ALONSE

Chimène à vos genoux apporte sa douleur ;
Elle vient toute en pleurs vous demander justice.

DON FERNAND

Bien qu'à ses déplaisirs[2] mon âme compatisse[3],
Ce que le Comte a fait semble avoir mérité
Ce digne châtiment de sa témérité. 640
Quelque juste pourtant que puisse être sa peine[4],
Je ne puis sans regret perdre un tel capitaine.
Après un long service à mon État rendu,
Après son sang pour moi mille fois répandu,
À quelques sentiments que son orgueil m'oblige, 645
Sa perte m'affaiblit, et son trépas[5] m'afflige.

1. **Prévenir :** éviter.
2. **Déplaisirs :** douleurs, chagrins.
3. **Compatisse :** éprouve de la pitié.
4. **Sa peine :** son châtiment.
5. **Trépas :** mort.

Scène 8

DON FERNAND, DON DIÈGUE, CHIMÈNE,
DON SANCHE, DON ARIAS, DON ALONSE

CHIMÈNE
Sire, sire, justice !

DON DIÈGUE
Ah ! sire, écoutez-nous.

CHIMÈNE
Je me jette à vos pieds.

DON DIÈGUE
J'embrasse vos genoux.

CHIMÈNE
Je demande justice.

DON DIÈGUE
Entendez ma défense.

CHIMÈNE
650 D'un jeune audacieux punissez l'insolence :
Il a de votre sceptre abattu le soutien,
Il a tué mon père.

DON DIÈGUE
Il a vengé le sien.

CHIMÈNE
Au sang de ses sujets un roi doit la justice.

DON DIÈGUE
Pour la juste vengeance il n'est point de supplice.

DON FERNAND

Levez-vous l'un et l'autre, et parlez à loisir. 655
Chimène, je prends part à votre déplaisir[1] ;
D'une égale douleur je sens mon âme atteinte.
Vous parlerez après ; ne troublez pas sa plainte.

CHIMÈNE

Sire, mon père est mort ; mes yeux ont vu son sang
Couler à gros bouillons de son généreux flanc ; 660
Ce sang qui tant de fois garantit vos murailles,
Ce sang qui tant de fois vous gagna des batailles,
Ce sang qui tout sorti fume encor de courroux[2]
De se voir répandu pour d'autres que pour vous,
Qu'au milieu des hasards[3] n'osait verser la guerre, 665
Rodrigue en votre cour vient d'en couvrir la terre.
J'ai couru sur le lieu, sans force et sans couleur,
Je l'ai trouvé sans vie. Excusez ma douleur,
Sire, la voix me manque à ce récit funeste ;
Mes pleurs et mes soupirs vous diront mieux le reste. 670

DON FERNAND

Prends courage, ma fille, et sache qu'aujourd'hui
Ton roi te veut servir de père au lieu de lui.

CHIMÈNE

Sire, de trop d'honneur ma misère est suivie.
Je vous l'ai déjà dit, je l'ai trouvé sans vie ;
Son flanc était ouvert ; et pour mieux m'émouvoir, 675
Son sang sur la poussière écrivait mon devoir ;
Ou plutôt sa valeur en cet état réduite
Me parlait par sa plaie, et hâtait ma poursuite[4] ;
Et pour se faire entendre au plus juste des rois,

1. **Déplaisir :** douleur.
2. **Courroux :** colère.
3. **Hasards :** dangers.
4. **Poursuite :** mon action en justice contre Rodrigue.

680 Par cette triste bouche elle empruntait ma voix.
Sire, ne souffrez pas[5] que sous votre puissance
Règne devant vos yeux une telle licence[6] ;
Que les plus valeureux, avec impunité,
Soient exposés aux coups de la témérité ;
685 Qu'un jeune audacieux triomphe de leur gloire,
Se baigne dans leur sang, et brave leur mémoire.
Un si vaillant guerrier qu'on vient de vous ravir
Éteint, s'il n'est vengé, l'ardeur de vous servir.
Enfin mon père est mort, j'en demande vengeance,
690 Plus pour votre intérêt que pour mon allégeance[7].
Vous perdez en la mort d'un homme de son rang ;
Vengez-la par une autre, et le sang par le sang.
Immolez[8], non à moi, mais à votre couronne,
Mais à votre grandeur, mais à votre personne ;
695 Immolez, dis-je, Sire, au bien de tout l'État
Tout ce qu'enorgueillit un si haut attentat.

DON FERNAND
Don Diègue, répondez.

DON DIÈGUE
Qu'on est digne d'envie
Lorsqu'en perdant la force on perd aussi la vie,
Et qu'un long âge apprête[9] aux hommes généreux,
700 Au bout de leur carrière, un destin malheureux !
Moi, dont les longs travaux[10] ont acquis tant de gloire,
Moi, que jadis partout a suivi la victoire,
Je me vois aujourd'hui, pour avoir trop vécu,
Recevoir un affront et demeurer vaincu.
705 Ce que n'a pu jamais combat, siège, embuscade,
Ce que n'a pu jamais Aragon ni Grenade[11],

5. **Ne souffrez pas :** ne tolérez pas.
6. **Licence :** désordre.
7. **Allégeance :** soulagement.
8. **Immolez :** condamnez à mort.
9. **Apprête :** prépare.
10. **Travaux :** exploits.
11. **Aragon, Grenade :** royaumes occupés par les Maures.

Ni tous vos ennemis, ni tous mes envieux[12],
Le comte en votre cour l'a fait presque à vos yeux,
Jaloux de votre choix, et fier de l'avantage
Que lui donnait sur moi l'impuissance de l'âge. 710
Sire, ainsi ces cheveux blanchis sous le harnois[13],
Ce sang pour vous servir prodigué[14] tant de fois,
Ce bras, jadis l'effroi d'une armée ennemie,
Descendaient au tombeau tout chargés d'infamie[15],
Si je n'eusse produit[16] un fils digne de moi, 715
Digne de son pays, et digne de son roi.
Il m'a prêté sa main, il a tué le Comte ;
Il m'a rendu l'honneur, il a lavé ma honte.
Si montrer du courage et du ressentiment,
Si venger un soufflet mérite un châtiment, 720
Sur moi seul doit tomber l'éclat[17] de la tempête :
Quand le bras a failli[18], l'on en punit la tête.
Qu'on nomme crime, ou non, ce qui fait nos débats,
Sire, j'en suis la tête, il n'en est que le bras.
Si Chimène se plaint qu'il a tué son père, 725
Il ne l'eût jamais fait si je l'eusse pu faire.
Immolez donc ce chef[19] que les ans vont ravir[20],
Et conservez pour vous le bras qui peut servir.
Aux dépens de mon sang satisfaites Chimène :
Je n'y résiste point, je consens à ma peine ; 730
Et, loin de murmurer[21] d'un rigoureux décret,
Mourant sans déshonneur, je mourrai sans regret.

DON FERNAND

L'affaire est d'importance, et, bien considérée,
Mérite en plein Conseil d'être délibérée.
Don Sanche, remettez Chimène en sa maison. 735

12. **Mes envieux :** ceux qui m'envient.
13. **Harnois :** forme archaïque de *harnais*, au sens d'armure.
14. **Prodigué :** donné.
15. **Infamie :** déshonneur.
16. **Produit :** engendré mais aussi donné à voir au monde.
17. **L'éclat :** le bruit et les dommages.
18. **A failli :** n'a pas tenu son rôle.
19. **Ce chef** : ma tête.
20. **Ravir :** enlever.
21. **Murmurer de :** protester contre.

Don Diègue aura ma cour et sa foi[22] pour prison.
Qu'on me cherche son fils. Je vous ferai justice.

CHIMÈNE
Il est juste, grand Roi, qu'un meurtrier périsse.

DON FERNAND
Prends du repos, ma fille, et calme tes douleurs.

CHIMÈNE
740 M'ordonner du repos, c'est croître[23] mes malheurs.

22. **Sa foi :** sa parole.
23. **Croître :** accroître, aggraver.

Ci-contre :
Le Cid, mise en scène d'Alain Ollivier, avec Claire Sermonne (Chimène), John Arnold (don Fernand), Bruno Sermonne (don Diègue), Fabrice Farchi (don Alonse), théâtre Gérard Philippe de Saint Denis, novembre 2007.

Pause lecture 6

Avez-vous bien lu ?

- Qui meurt à la fin du duel ? ❑ **a.** le Comte. ❑ **b.** Rodrigue.
- Chimène demande : ❑ **a.** l'exil. ❑ **b.** la mort de Rodrigue.

Au fil du texte

1. Qu'éprouve le Roi en apprenant la mort du Comte ?
2. Quelles particularités présentent les répliques dans les vers 647 à 654 ? Comment s'expliquent-elles ?
3. Pourquoi le Roi donne-t-il d'abord la parole à Chimène ?
4. **Zoom sur les vers 659 à 670**
   a. Cherchez ce qu'on appelle une anaphore*, et relevez-en une dans ces vers. Quel est l'effet recherché ?
   b. Cherchez une hyperbole*. Dans quelle intention Chimène l'emploie-t-elle ?
   c. Comment se traduisent les émotions de la jeune fille aux vers 667 à 670 ?
5. Que demande Chimène aux vers 681 à 696 ? Pour quelles raisons ?
6. Par quels mots Chimène désigne-t-elle Rodrigue dans ses répliques ? Sont-ils péjoratifs ? Que pouvez-vous en déduire ?
7. Avec quels arguments don Diègue présente-t-il sa défense et celle de son fils, aux vers 697 à 732 ? Que demande-t-il ?
8. Relisez les vers 719-720 et 723 : sur quoi don Diègue émet-il un doute ? Prend-il une position tranchée ? Pourquoi ?
9. À qui s'adresse la réplique du Roi « Je vous ferai justice » (v. 737) ? Justifiez votre réponse.

Pour conclure

10 À quelles valeurs Chimène obéit-elle en demandant au Roi de punir Rodrigue ? Comparez ses demandes avec celles de don Diègue dans l'acte I scène 5 : qu'ont-elles en commun ?

11 À quelles difficultés intérieures et extérieures le pouvoir royal est-il confronté ?

Vocabulaire Le sang

a. Recherchez l'origine étymologique du mot *sang* et justifiez son orthographe.

b. Relevez les occurrences du mot *sang* dans la scène 8. Le mot a-t-il toujours exactement le même sens ?

c. Relisez le vers 266 (acte I, scène 5) : que signifie le mot *sang* dans ce vers ?

Mise en scène

a. Choisissez trois camarades pour jouer le début de la scène 8.

b. Faites-leur relire les vers 647 à 658, et donnez-leur, pour chaque réplique, une indication de mise en scène : gestes, positions, regards, intonations, etc.

c. Faites jouer le passage, puis demandez aux spectateurs leurs réactions.

Débat

Le Roi doit-il punir Rodrigue pour le meurtre du Comte ?

En deux groupes, préparez des listes d'arguments pour et contre le châtiment du jeune homme.

Retour sur...

I L'action

1. Quel événement majeur se produit dans cet acte ?

2. Quelles conséquences cet événement a-t-il sur la situation de chacun des autres personnages ?

3. Quelle menace extérieure pèse sur le royaume ?

II Les personnages

4. À quels moments la scène est-elle occupée par les personnages masculins ? et par les personnages féminins ? Pour quelle raison ?

5. Pourquoi Rodrigue n'apparaît-il plus après la scène 2 ?

6. Connaissons-nous les sentiments éprouvés par Chimène à l'issue du duel ?

7. En quoi le Roi Fernand est-il différent des autres personnages masculins ?

III Les valeurs

8. Quelles valeurs guident l'action des principaux personnages (le Comte, Rodrigue, Chimène, don Diègue, le Roi) ?

9. Ces valeurs sont-elles en contradiction les unes avec les autres ?

10. Comparez les préoccupations de Chimène à l'acte I et à la fin de l'acte II : quels changements remarquez-vous ?

IV *Le Cid* et l'Histoire

11. Quels éléments de l'action, quels traits des personnages renvoient à l'Espagne du Moyen Âge ?

12. Quels éléments sont, pour les contemporains de Corneille, des problèmes d'actualité (voir p. 6-7) ?

13. Quelles situations du XXIe siècle font écho au *Cid* ?

ACTE III

Don Rodrigue, Elvire

Elvire
Rodrigue, qu'as-tu fait ? où viens-tu, misérable[1] ?

Don Rodrigue
Suivre le triste cours de mon sort déplorable[2].

Elvire
Où prends-tu cette audace et ce nouvel orgueil,
De paraître en des lieux que tu remplis de deuil ?
745 Quoi ? viens-tu jusqu'ici braver l'ombre du Comte ?
Ne l'as-tu pas tué ?

Don Rodrigue
Sa vie était ma honte :
Mon honneur de ma main a voulu cet effort[3].

Elvire
Mais chercher ton asile en la maison du mort !
Jamais un meurtrier en fit-il son refuge ?

Don Rodrigue
750 Et je n'y viens aussi que m'offrir à mon juge.
Ne me regarde plus d'un visage étonné[4] ;
Je cherche le trépas[5] après l'avoir donné.
Mon juge est mon amour, mon juge est ma Chimène :
Je mérite la mort de mériter sa haine,
755 Et j'en viens recevoir, comme un bien souverain[6],
Et l'arrêt[7] de sa bouche, et le coup de sa main.

Elvire
Fuis plutôt de[8] ses yeux, fuis de sa violence ;

1. **Misérable :** digne de haine ou digne de pitié, ou les deux à la fois.
2. **Déplorable :** triste à pleurer.
3. **Vers 747 :** mon honneur a voulu cet effort de ma main.
4. **Étonné :** stupéfait, comme frappé par la foudre.
5. **Le trépas :** la mort.
6. **Bien souverain :** but et idéal de l'existence.
7. **L'arrêt :** au sens juridique, la décision du tribunal.
8. **De :** loin de, hors de portée de.

À ses premiers transports[9] dérobe ta présence :
Va, ne t'expose point aux premiers mouvements
Que poussera[10] l'ardeur de ses ressentiments. 760

DON RODRIGUE
Non, non, ce cher objet[11] à qui j'ai pu déplaire
Ne peut pour mon supplice avoir trop de colère ;
Et j'évite cent morts qui me vont accabler,
Si pour mourir plus tôt je puis la redoubler[12].

ELVIRE
Chimène est au palais, de pleurs toute baignée, 765
Et n'en reviendra point que bien accompagnée.
Rodrigue, fuis, de grâce : ôte-moi de souci.
Que ne dira-t-on point si l'on te voit ici ?
Veux-tu qu'un médisant, pour comble à sa misère,
L'accuse d'y souffrir[13] l'assassin de son père ? 770
Elle va revenir ; elle vient, je la voi[14] :
Du moins, pour son honneur, Rodrigue, cache-toi.

9. **Transports :** mouvements de colère.
10. **Poussera :** déclenchera.
11. **Ce cher objet :** cette personne que j'aime, Chimène.
12. **La redoubler :** redoubler sa colère.
13. **Souffrir :** supporter.
14. **Voi :** orthographe acceptée pour la rime avec *toi*.

Scène 2

DON SANCHE, CHIMÈNE, ELVIRE

DON SANCHE
Oui, madame, il vous faut de sanglantes victimes :
Votre colère est juste, et vos pleurs légitimes ;
Et je n'entreprends pas, à force de parler, 775

Ni de vous adoucir[1], ni de vous consoler.
Mais si de vous servir je puis[2] être capable,
Employez mon épée à punir le coupable ;
Employez mon amour à venger cette mort :
780 Sous vos commandements mon bras sera trop[3] fort.

CHIMÈNE
Malheureuse !

DON SANCHE
De grâce, acceptez mon service.

CHIMÈNE
J'offenserais le Roi, qui m'a promis justice.

DON SANCHE
Vous savez qu'elle[4] marche avec tant de langueur[5]
Qu'assez souvent le crime échappe à sa longueur ;
785 Son cours lent et douteux[6] fait trop perdre de larmes.
Souffrez qu'un cavalier vous venge par les armes :
La voie en est plus sûre, et plus prompte[7] à punir.

CHIMÈNE
C'est le dernier remède ; et s'il y faut venir,
Et que de mes malheurs cette pitié vous dure[8],
790 Vous serez libre alors de venger mon injure[9].

DON SANCHE
C'est l'unique bonheur où mon âme prétend ;
Et pouvant l'espérer, je m'en vais trop content.

1. **Vous adoucir :** vous rendre plus indulgente.
2. **Je puis :** je peux.
3. **Trop :** très.
4. **Elle :** la justice.
5. **Langueur :** lenteur.
6. **Douteux :** incertain, imprévisible.
7. **Prompte :** rapide.
8. **Vers 789 :** Si vous avez encore pitié de mes malheurs.
9. **Injure :** injustice (sens étymologique).

Scène 3

CHIMÈNE, ELVIRE

CHIMÈNE

Enfin je me vois libre, et je puis sans contrainte[1]
De mes vives douleurs te faire voir l'atteinte ;
Je puis donner passage à mes tristes soupirs ; 795
Je puis t'ouvrir mon âme et tous mes déplaisirs.
Mon père est mort, Elvire ; et la première épée
Dont s'est armé Rodrigue a sa trame coupée[2].
Pleurez, pleurez, mes yeux, et fondez-vous en eau !
La moitié de ma vie a mis l'autre au tombeau, 800
Et m'oblige à venger, après ce coup funeste[3],
Celle que je n'ai plus sur celle qui me reste.

ELVIRE

Reposez-vous[4], Madame.

CHIMÈNE

Ah ! que mal à propos
Dans un malheur si grand tu parles de repos !
Par où[5] sera jamais ma douleur apaisée, 805
Si je ne puis haïr la main qui l'a causée ?
Et que dois-je espérer qu'un tourment éternel[6],
Si je poursuis un crime, aimant le criminel.

ELVIRE

Il vous prive d'un père, et vous l'aimez encore !

CHIMÈNE

C'est peu de dire aimer, Elvire : je l'adore ; 810
Ma passion s'oppose à mon ressentiment ;
Dedans mon ennemi je trouve mon amant ;

La « trame » de la vie

L'expression *couper la trame de la vie* renvoie au mythe romain des Parques. Ces trois divinités représentent le Destin tout-puissant. Elles sont fileuses, et « tissent » la vie humaine : la première préside à la naissance, la seconde au mariage, la troisième coupe le fil de la vie.

1. **Contrainte :** gêne.
2. **A sa trame coupée :** a coupé le fil de la vie de mon père.
3. **Funeste :** tragique, mortel.
4. **Reposez-vous :** calmez-vous, cessez de vous tourmenter.
5. **Par où :** par quel moyen.
6. **Vers 807 :** que puis-je espérer d'autre qu'un tourment éternel ?

Et je sens qu'en dépit de[7] toute ma colère
Rodrigue dans mon cœur combat encor mon père :
815 Il l'attaque, il le presse, il cède, il se défend,
Tantôt fort, tantôt faible, et tantôt triomphant ;
Mais en ce dur combat de colère et de flamme,
Il déchire mon cœur sans partager mon âme ;
Et quoi que mon amour ait sur moi de pouvoir,
820 Je ne consulte[8] point pour suivre mon devoir :
Je cours sans balancer[9] où mon honneur m'oblige.
Rodrigue m'est bien cher, son intérêt[10] m'afflige ;
Mon cœur prend son parti ; mais, malgré son effort[11],
Je sais ce que je suis, et que mon père est mort.

ELVIRE

825 Pensez-vous le poursuivre[12] ?

CHIMÈNE

Ah ! cruelle pensée !
Et cruelle poursuite où je me vois forcée !
Je demande sa tête, et crains de l'obtenir :
Ma mort suivra la sienne, et je le veux punir !

ELVIRE

Quittez, quittez, Madame, un dessein[13] si tragique ;
830 Ne vous imposez point de loi si tyrannique.

CHIMÈNE

Quoi ! mon père étant mort, et presque entre mes bras,
Son sang criera vengeance, et je ne l'orrai[14] pas !
Mon cœur, honteusement surpris par d'autres charmes,
Croira ne lui devoir que d'impuissantes larmes !
835 Et je pourrai souffrir qu'un amour suborneur[15]
Sous un lâche silence étouffe mon honneur !

7. **En dépit de :** malgré.
8. **Je ne consulte point :** je ne pèse pas le pour et le contre.
9. **Balancer :** hésiter.
10. **Son intérêt :** l'amour que je lui porte.
11. **Son effort :** la force de ce que mon cœur ressent.
12. **Poursuivre :** engager une procédure en justice.
13. **Dessein :** projet.
14. **Orrai :** entendrai (futur du verbe *ouïr*).
15. **Suborneur :** Qui séduit et corrompt.

ELVIRE

Madame, croyez-moi, vous serez excusable
D'avoir moins de chaleur[16] contre un objet aimable,
Contre un amant si cher : vous avez assez fait,
Vous avez vu le Roi ; n'en pressez point l'effet[17], 840
Ne vous obstinez point en cette humeur étrange[18].

CHIMÈNE

Il y va de ma gloire, il faut que je me venge ;
Et de quoi que nous flatte un désir amoureux,
Toute excuse[19] est honteuse aux esprits généreux.

ELVIRE

Mais vous aimez Rodrigue, il ne vous peut déplaire. 845

CHIMÈNE

Je l'avoue.

ELVIRE

Après tout, que pensez-vous donc faire ?

CHIMÈNE

Pour conserver ma gloire et finir mon ennui[20],
Le poursuivre[21], le perdre, et mourir après lui.

16. **Chaleur :** passion.
17. **L'effet :** l'action.
18. **Étrange :** extraordinaire et peu raisonnable.
19. **Excuse :** refus d'agir.
20. **Ennui :** désespoir.
21. **Poursuivre :** voir note 12.

Pause lecture 7 ACTE III • scènes 1, 2 et 3

Avez-vous bien lu ?

- Rodrigue se rend chez Chimène :
  - ❑ **a.** pour la convaincre de ne plus le poursuivre en justice.
  - ❑ **b.** pour lui demander de le tuer.
- Chimène a décidé : ❑ **a.** de se suicider. ❑ **b.** d'épouser don Sanche.

Au fil du texte

Scène 1

1. Comment se manifeste l'émotion d'Elvire dans ses trois premières répliques ? Quels sentiments éprouve-t-elle ?
2. Pour quelle raison Rodrigue pense-t-il mériter la mort ? Citez le vers qui répond à cette question. Quelle valeur est donc supérieure aux autres pour Rodrigue ?
3. Pourquoi Elvire veut-elle éloigner Rodrigue au plus vite ?

Scène 2

4. Qu'éprouve don Sanche pour Chimène ? Que propose-t-il de faire pour elle ?
5. Don Sanche a-t-il, selon vous, d'autres raisons inavouées de vouloir affronter Rodrigue ? Chimène vous paraît-elle parfaitement sincère dans ses réponses ?
6. Quel personnage entend la conversation sans être vu ? Quel est effet produit ?

Scène 3

7. Chimène parle-t-elle à Elvire comme elle a parlé au Roi et à don Sanche ? Que va découvrir le spectateur au cours de cet entretien ?

8 Expliquez le sens des vers 800 à 802.

9 Relisez la définition du pathétique* dans le Lexique (p. 170). Comment s'exprime le pathétique dans les vers 793 à 802 ? Quels sentiments suscite-t-il chez le spectateur ?

10 Zoom sur les vers 805 à 824

a. Relevez les termes exprimant des sentiments : quels champs lexicaux se trouvent mêlés ? Que soulignent-ils ?

b. Quels procédés (lexique, figures, rythmes, etc.) traduisent le déchirement intérieur de Chimène ?

c. Quelle différence Chimène fait-elle entre son « cœur » et son « âme » (vers 817-818) ? Lequel des deux l'emporte ?

11 Quel paradoxe* exprime le vers 827 ? Quelle décision Chimène a-t-elle prise d'après le vers 828 ?

Pour conclure

12 Qu'a appris Rodrigue en entendant la conversation entre Chimène et Elvire ?

Vocabulaire Variations de sens

a. Cherchez l'étymologie des mots *déplorable* (vers 742) – *étonné* (vers 751) – *injure* (vers 790) – *funeste* (vers 801) – *généreux* (vers 844).

b. Employez chacun de ces mots dans des phrases où ils auront leur sens actuel.

c. Comparez le sens moderne avec celui du mot dans le texte de Corneille. Que constatez-vous ?

Scène 4

DON RODRIGUE, CHIMÈNE, ELVIRE

DON RODRIGUE

Eh bien ! sans vous donner la peine de poursuivre,

850 Assurez-vous l'honneur de m'empêcher de vivre.

CHIMÈNE

Elvire, où sommes-nous, et qu'est-ce que je voi ?

Rodrigue en ma maison ! Rodrigue devant moi !

DON RODRIGUE

N'épargnez point mon sang : goûtez sans résistance

La douceur de ma perte et de votre vengeance.

CHIMÈNE

855 Hélas !

DON RODRIGUE

Écoute-moi.

CHIMÈNE

Je me meurs.

DON RODRIGUE

Un moment.

CHIMÈNE

Va, laisse-moi mourir.

DON RODRIGUE

Quatre mots seulement :

Après ne me réponds qu'avecque[1] cette épée.

1. **Avecque :** ancienne orthographe en deux syllabes de *avec*.

CHIMÈNE
Quoi ! du sang de mon père encor toute trempée !

DON RODRIGUE
Ma Chimène…

CHIMÈNE
Ôte-moi cet objet odieux,
Qui reproche ton crime et ta vie à mes yeux. 860

DON RODRIGUE
Regarde-le plutôt pour exciter ta haine,
Pour croître ta colère, et pour hâter ma peine[2].

CHIMÈNE
Il est teint de mon sang.

DON RODRIGUE
Plonge-le dans le mien,
Et fais-lui perdre ainsi la teinture du tien.

CHIMÈNE
Ah ! quelle cruauté, qui tout en un jour tue 865
Le père par le fer, la fille par la vue !
Ôte-moi cet objet, je ne puis le souffrir[3] :
Tu veux que je t'écoute, et tu me fais mourir !

DON RODRIGUE
Je fais ce que tu veux, mais sans quitter l'envie
De finir par tes mains ma déplorable[4] vie ; 870
Car enfin n'attends pas de mon affection
Un lâche repentir d'une bonne action[5].
L'irréparable effet d'une chaleur trop prompte[6]
Déshonorait mon père, et me couvrait de honte.

2. **Ma peine :** mon châtiment.
3. **Souffrir :** supporter.
4. **Déplorable :** très triste, qui appelle les pleurs.
5. **Vers 871-872 :** ne crois pas que mon amour me fera regretter d'avoir vengé mon père.
6. **Chaleur trop prompte :** colère trop rapide.

875 Tu sais comme un soufflet touche un homme de cœur ;
J'avais part à l'affront, j'en ai cherché l'auteur :
Je l'ai vu, j'ai vengé mon honneur et mon père ;
Je le ferais encor, si j'avais à le faire.
Ce n'est pas qu'en effet contre mon père et moi
880 Ma flamme assez longtemps n'ait combattu pour toi ;
Juge de son pouvoir : dans une telle offense
J'ai pu délibérer si j'en prendrais vengeance.
Réduit à te déplaire, ou souffrir un affront,
J'ai pensé qu'à son tour mon bras était trop prompt ;
885 Je me suis accusé de trop de violence ;
Et ta beauté sans doute emportait la balance[7],
À moins que d'opposer à tes plus forts appas[8]
Qu'un homme sans honneur ne te méritait pas ;
Que malgré cette part que j'avais en ton âme,
890 Qui m'aima généreux me haïrait infâme[9] ;
Qu'écouter ton amour, obéir à sa voix,
C'était m'en rendre indigne et diffamer[10] ton choix.
Je te le dis encore ; et quoique j'en soupire,
Jusqu'au dernier soupir je veux bien le redire :
895 Je t'ai fait une offense, et j'ai dû m'y porter[11]
Pour effacer ma honte, et pour te mériter ;
Mais quitte[12] envers l'honneur, et quitte envers mon père,
C'est maintenant à toi que je viens satisfaire[13] :
C'est pour t'offrir mon sang qu'en ce lieu tu me vois.
900 J'ai fait ce que j'ai dû, je fais ce que je dois.
Je sais qu'un père mort t'arme contre mon crime ;
Je ne t'ai pas voulu dérober ta victime :
Immole[14] avec courage au sang qu'il a perdu
Celui qui met sa gloire à l'avoir répandu.

7. **Balance :** décision.
8. **Appas :** attraits, beauté.
9. **Infâme :** déshonoré.
10. **Diffamer :** déshonorer.
11. **M'y porter :** m'y résoudre.
12. **Quitte :** en règle.
13. **Satisfaire :** accorder réparation des offenses subies.
14. **Immoler à :** mettre à mort en l'honneur de.

CHIMÈNE

Ah ! Rodrigue, il est vrai, quoique ton ennemie, 905
Je ne te puis blâmer d'avoir fui l'infamie ;
Et de quelque façon qu'éclatent mes douleurs,
Je ne t'accuse point, je pleure mes malheurs.
Je sais ce que l'honneur, après un tel outrage,
Demandait à l'ardeur d'un généreux courage : 910
Tu n'as fait le devoir que d'un homme de bien ;
Mais aussi, le faisant, tu m'as appris le mien.
Ta funeste valeur m'instruit par ta victoire ;
Elle a vengé ton père et soutenu ta gloire :
Même soin[15] me regarde, et j'ai, pour m'affliger, 915
Ma gloire à soutenir, et mon père à venger.
Hélas ! ton intérêt ici me désespère :
Si quelque autre malheur m'avait ravi[16] mon père,
Mon âme aurait trouvé dans le bien de te voir
L'unique allégement[17] qu'elle eût pu recevoir ; 920
Et contre ma douleur j'aurais senti des charmes,
Quand une main si chère eût essuyé mes larmes.
Mais il me faut te perdre[18] après l'avoir perdu ;
Cet effort sur ma flamme à mon honneur est dû ;
Et cet affreux devoir, dont l'ordre m'assassine, 925
Me force à travailler moi-même à ta ruine.
Car enfin n'attends pas de mon affection
De lâches sentiments pour ta punition[19].
De quoi qu'en ta faveur notre amour m'entretienne,
Ma générosité[20] doit répondre à la tienne : 930
Tu t'es, en m'offensant, montré digne de moi ;
Je me dois, par ta mort, montrer digne de toi.

15. **Soin :** souci.

16. **Ravi :** pris.

17. **Allègement :** soulagement.

18. **Te perdre :** double sens ici : obtenir ta mort et être privée de toi.

19. **Vers 927-928 :** ne crois pas que mon amour diminuera mon désir de te punir (voir vers 871-872).

20. **Générosité :** noblesse de cœur.

Don Rodrigue

Ne diffère[21] donc plus ce que l'honneur t'ordonne :
Il demande ma tête, et je te l'abandonne ;
935 Fais-en un sacrifice à ce noble intérêt :
Le coup m'en sera doux, aussi bien que l'arrêt.
Attendre après mon crime une lente justice,
C'est reculer ta gloire autant que mon supplice.
Je mourrai trop heureux, mourant d'un coup si beau.

Chimène

940 Va, je suis ta partie[22], et non pas ton bourreau.
Si tu m'offres ta tête, est-ce à moi de la prendre ?
Je la dois attaquer, mais tu dois la défendre ;
C'est d'un autre que toi qu'il me faut l'obtenir,
Et je dois te poursuivre, et non pas te punir.

Don Rodrigue

945 De quoi qu'en ma faveur notre amour t'entretienne,
Ta générosité doit répondre à la mienne ;
Et pour venger un père emprunter d'autres bras,
Ma Chimène, crois-moi, c'est n'y répondre pas :
Ma main seule du mien a su venger l'offense,
950 Ta main seule du tien doit prendre la vengeance.

Chimène

Cruel ! à quel propos sur ce point t'obstiner ?
Tu t'es vengé sans aide, et tu m'en veux donner !
Je suivrai ton exemple, et j'ai trop de courage
Pour souffrir qu'avec toi ma gloire se partage.
955 Mon père et mon honneur ne veulent rien devoir
Aux traits[23] de ton amour ni de ton désespoir.

21. **Diffère :** retarde.
22. **Partie :** au sens juridique, adversaire dans un procès.
23. **Traits :** marques, preuves.

Don Rodrigue

Rigoureux point d'honneur ! Hélas ! quoi que je fasse,
Ne pourrai-je à la fin obtenir cette grâce ?
Au nom d'un père mort, ou de notre amitié[24],
960 Punis-moi par vengeance, ou du moins par pitié.
Ton malheureux amant aura bien moins de peine
À mourir par ta main qu'à vivre avec ta haine.

Chimène

Va, je ne te hais point.

Don Rodrigue

Tu le dois.

Chimène

Je ne puis.

Don Rodrigue

Crains-tu si peu le blâme, et si peu les faux bruits[25] ?
965 Quand on saura mon crime, et que ta flamme dure,
Que ne publieront point[26] l'envie et l'imposture[27] !
Force-les au silence, et, sans plus discourir,
Sauve ta renommée en me faisant mourir.

Chimène

Elle éclate bien mieux en te laissant la vie ;
970 Et je veux que la voix de la plus noire envie
Élève au ciel ma gloire et plaigne mes ennuis,
Sachant que je t'adore et que je te poursuis.
Va-t'en, ne montre plus à ma douleur extrême
Ce qu'il faut que je perde, encore que[28] je l'aime.
975 Dans l'ombre de la nuit cache bien ton départ :
Si l'on te voit sortir, mon honneur court hasard[29].

La règle des « bienséances »

À partir de 1630 environ, des critiques (les « doctes ») établissent pour les pièces de théâtre des règles inspirées par les auteurs de l'Antiquité. L'une de ces règles concerne le respect des « bienséances » : l'intrigue ne doit pas être contraire à la morale, la violence sur la scène est interdite ainsi que toute allusion à la religion. Le langage employé doit toujours être convenable.

24. **Amitié :** ici, amour.
25. **Faux bruits :** rumeurs malveillantes.
26. **Que ne publieront point :** quelles médisances ne répandront pas.
27. **Imposture :** mensonge.
28. **Encore que :** bien que.
29. **Court hasard :** est en danger.

La seule occasion qu'aura la médisance,
C'est de savoir qu'ici j'ai souffert ta présence :
Ne lui donne point lieu d'attaquer ma vertu.

DON RODRIGUE

980 Que je meure !

CHIMÈNE

Va-t'en.

DON RODRIGUE

À quoi te résous-tu ?

CHIMÈNE

Malgré des feux si beaux, qui troublent ma colère,
Je ferai mon possible à bien venger mon père ;
Mais malgré la rigueur d'un si cruel devoir,
Mon unique souhait est de ne rien pouvoir.

DON RODRIGUE

985 Ô miracle d'amour !

CHIMÈNE

Ô comble de misères !

DON RODRIGUE

Que de maux et de pleurs nous coûteront nos pères !

CHIMÈNE

Rodrigue, qui l'eût cru ?

DON RODRIGUE

Chimène, qui l'eût dit ?

CHIMÈNE

Que notre heur[30] fût si proche et sitôt se perdît ?

30. **Heur :** bonheur.

DON RODRIGUE
Et que si près du port, contre toute apparence[31],
Un orage si prompt brisât notre espérance ? 990

CHIMÈNE
Ah ! mortelles douleurs !

DON RODRIGUE
Ah ! regrets superflus !

CHIMÈNE
Va-t'en, encore un coup[32], je ne t'écoute plus.

DON RODRIGUE
Adieu : je vais traîner une mourante vie,
Tant que par ta poursuite elle me soit ravie[33].

CHIMÈNE
Si j'en obtiens l'effet, je t'engage ma foi[34] 995
De ne respirer pas un moment après toi.
Adieu : sors, et surtout garde bien[35] qu'on te voie.

ELVIRE
Madame, quelques maux que le ciel nous envoie…

CHIMÈNE
Ne m'importune plus, laisse-moi soupirer,
Je cherche le silence et la nuit pour pleurer. 1000

31. **Apparence :** probabilité.
32. **Encore un coup :** encore une fois.
33. **Ravie :** enlevée.
34. **Je t'engage ma foi :** je te jure.
35. **Garde bien :** évite.

Ci-contre :
« Quoi, du sang de mon père encor toute trempée ! », gravure de Jean-Michel Moreau, dit Le Jeune (1741-1814), BNF, Paris.

Pause lecture 8

Avez-vous bien lu ?

- Rodrigue se présente devant Chimène en tenant à la main :
  ❑ **a.** l'épée du Comte. ❑ **b.** sa propre épée.
- Chimène promet à Rodrigue que s'il meurt :
  ❑ **a.** elle se suicidera. ❑ **b.** elle se retirera dans un couvent.

Au fil du texte

Vers 849 à 904

1. Pourquoi la présence de Rodrigue est-elle choquante ?
2. Qu'aurait pu faire Chimène dès le début de la scène ? Pourquoi ne le fait-elle pas ?
3. Quel rôle Rodrigue veut-il faire jouer à son épée ? À quel moment accepte-t-il de la rengainer ?
4. Rodrigue exprime-t-il des regrets pour avoir tué le Comte ? Pourquoi ? Qu'attend-il désormais de Chimène ?

Vers 905 à 932

5. Chimène reproche-t-elle à Rodrigue d'avoir vengé son père ? Pour quelle raison ?
6. Relevez les termes exprimant les sentiments de Chimène envers Rodrigue.
7. Quelle place occupe le devoir dans la vision du monde de Chimène ? Que l'oblige-t-il à faire ?

Vers 933 à 1000

8. Pourquoi Rodrigue implore-t-il Chimène de le tuer ? Quels arguments avance-t-il pour la convaincre ? Pour quelles raisons Chimène refuse-t-elle de lui obéir ?

9 À partir de quel moment les deux jeunes gens cessent-ils d'argumenter ? Que révèle la suite de leurs propos ? Observez par exemple les formes des phrases et la ponctuation.

10 Sur quelles décisions le couple se sépare-t-il ?

Pour conclure

11 Cette scène est considérée comme le point culminant de la pièce : à votre avis, pourquoi ? Quels sentiments fait-elle naître chez le spectateur ?

12 Comment le terme de *tragédie** se trouve-t-il justifié à ce moment de la pièce ?

Vocabulaire « Va, je ne te hais point » (v. 963)

a. Quel est l'infinitif correspondant à *je hais* ? Conjuguez-le au présent de l'indicatif.

b. Trouvez trois synonymes de ce verbe.

c. Comment l'expression « je ne te hais point » traduit-elle les sentiments de Chimène ? Comparez par exemple avec le vers 972.

d. Cette figure est une litote*. Rédigez une phrase à la première personne du singulier et comportant cette même figure pour exprimer la joie.

Lecture à haute voix

Par groupe de deux, mémorisez les vers 957 à 997, puis dites-les à deux voix, en vous efforçant de bien traduire les sentiments et les émotions des personnages.

Écriture

Après cette scène, Elvire rencontre Léonor, la gouvernante de l'Infante, et elle lui raconte ce qui vient de se passer chez Chimène. Imaginez le dialogue entre les deux personnages.

Scène 5

DON DIÈGUE

DON DIÈGUE

Jamais nous ne goûtons de parfaite allégresse !
Nos plus heureux succès sont mêlés de tristesse ;
Toujours quelques soucis en ces événements
Troublent la pureté de nos contentements.
Au milieu du bonheur mon âme en sent l'atteinte : 1005
Je nage dans la joie, et je tremble de crainte.
J'ai vu mort l'ennemi qui m'avait outragé ;
Et je ne saurais voir[1] la main qui m'a vengé.
En vain je m'y travaille[2], et d'un soin inutile,
Tout cassé[3] que je suis, je cours toute la ville : 1010
Ce peu que mes vieux ans m'ont laissé de vigueur
Se consume sans fruit[4] à chercher ce vainqueur.
À toute heure, en tous lieux, dans une nuit si sombre,
Je pense l'embrasser, et n'embrasse qu'une ombre ;
Et mon amour, déçu par cet objet trompeur, 1015
Se forme des soupçons qui redoublent ma peur.
Je ne découvre point de marques de sa fuite ;
Je crains du Comte mort les amis et la suite ;
Leur nombre m'épouvante, et confond[5] ma raison.
Rodrigue ne vit plus, ou respire en prison. 1020
Justes cieux ! me trompé-je encore à l'apparence,
Ou si je vois enfin mon unique espérance ?
C'est lui, n'en doutons plus ; mes vœux sont exaucés,
Ma crainte est dissipée, et mes ennuis cessés.

1. **Je ne saurais voir :** je ne parviens pas à voir.
2. **Je m'y travaille :** je me donne de la peine pour y parvenir.
3. **Cassé :** brisé par la vieillesse.
4. **Fruit :** résultat.
5. **Confond :** trouble.

Scène 6

DON DIÈGUE, DON RODRIGUE

DON DIÈGUE

1025 Rodrigue, enfin le ciel permet que je te voie !

DON RODRIGUE

Hélas !

DON DIÈGUE

Ne mêle point de soupirs à ma joie ;
Laisse-moi prendre haleine afin de te louer.
Ma valeur n'a point lieu de te désavouer ;
Tu l'as bien imitée, et ton illustre audace
1030 Fait bien revivre en toi les héros de ma race :
C'est d'eux que tu descends, c'est de moi que tu viens :
Ton premier coup d'épée égale tous les miens ;
Et d'une belle ardeur ta jeunesse animée
Par cette grande épreuve atteint ma renommée.
1035 Appui de ma vieillesse, et comble de mon heur[1],
Touche ces cheveux blancs à qui tu rends l'honneur,
Viens baiser cette joue, et reconnais la place
Où fut empreint[2] l'affront que ton courage efface.

DON RODRIGUE

L'honneur vous en est dû : je ne pouvais pas moins,
1040 Étant sorti de vous et nourri par vos soins.
Je m'en tiens trop heureux, et mon âme est ravie[3]
Que mon coup d'essai plaise à qui je dois la vie ;
Mais parmi vos plaisirs ne soyez point jaloux
Si je m'ose à mon tour satisfaire après vous.
1045 Souffrez qu'en liberté mon désespoir éclate ;
Assez et trop longtemps votre discours le flatte.

1. **Heur :** *ici*, bonheur.
2. **Empreint :** imprimé.
3. **Ravie :** contente.

Je ne me repens[4] point de vous avoir servi ;
Mais rendez-moi le bien que ce coup m'a ravi[5].
Mon bras pour vous venger, armé contre ma flamme,
Par ce coup glorieux m'a privé de mon âme ;
Ne me dites plus rien ; pour vous j'ai tout perdu : 1050
Ce que je vous devais, je vous l'ai bien rendu.

DON DIÈGUE

Porte, porte plus haut le fruit de ta victoire :
Je t'ai donné la vie, et tu me rends ma gloire ;
Et d'autant que l'honneur m'est plus cher que le jour,
D'autant plus maintenant je te dois de retour[6]. 1055
Mais d'un cœur magnanime[7] éloigne ces faiblesses ;
Nous n'avons qu'un honneur, il est tant de maîtresses !
L'amour n'est qu'un plaisir, l'honneur est un devoir.

DON RODRIGUE

Ah ! que me dites-vous ?

DON DIÈGUE

Ce que tu dois savoir. 1060

DON RODRIGUE

Mon honneur offensé sur moi-même se venge ;
Et vous m'osez pousser à la honte du change[8] !
L'infamie est pareille, et suit également
Le guerrier sans courage et le perfide amant.
À ma fidélité ne faites point d'injure ; 1065
Souffrez-moi[9] généreux sans me rendre parjure[10] :
Mes liens sont trop forts pour être ainsi rompus ;
Ma foi m'engage encor si je n'espère plus[11] ;
Et, ne pouvant quitter ni posséder Chimène,
Le trépas que je cherche est ma plus douce peine. 1070

Inconstance baroque et fidélité classique

Au début du XVIIe siècle, on privilégie une vision baroque du monde, qui met en évidence l'instabilité de toute chose. En amour, c'est l'inconstance (le « change ») qui l'emporte. Plus tard, la conception classique du monde insiste sur l'importance de la stabilité et de l'équilibre. En amour, la fidélité devient une valeur. La discussion entre don Diègue et Rodrigue souligne ce changement de point de vue.

4. **Repens :** regrette.
5. **Ravi :** enlevé.
6. **De retour :** en retour, en contrepartie.
7. **Magnanime :** plein de grandeur d'âme.
8. **Le change :** l'infidélité amoureuse.
9. **Souffrez-moi :** acceptez-moi.
10. **Parjure :** infidèle.
11. **Vers 1068 :** même si je n'ai plus d'espoir, je suis lié par serment à Chimène.

DON DIÈGUE

Il n'est pas temps encor de chercher le trépas :
Ton prince et ton pays ont besoin de ton bras.
La flotte qu'on craignait, dans ce grand fleuve entrée,
Croit surprendre la ville et piller la contrée.
1075 Les Mores vont descendre[12], et le flux[13] et la nuit
Dans une heure à nos murs les amène sans bruit.
La cour est en désordre, et le peuple en alarmes :
On n'entend que des cris, on ne voit que des larmes.
Dans ce malheur public mon bonheur a permis
1080 Que j'aie trouvé chez moi cinq cents de mes amis,
Qui sachant mon affront, poussés d'un même zèle[14],
Se venaient tous offrir à venger ma querelle.
Tu les a prévenus[15] ; mais leurs vaillantes mains
Se tremperont bien mieux au sang des Africains.
1085 Va marcher à leur tête où l'honneur te demande :
C'est toi que veut pour chef leur généreuse bande[16].
De ces vieux ennemis va soutenir l'abord[17] :
Là, si tu veux mourir, trouve une belle mort ;
Prends-en l'occasion, puisqu'elle t'est offerte ;
1090 Fais devoir à ton roi son salut à ta perte[18] ;
Mais reviens-en plutôt les palmes[19] sur le front.
Ne borne pas ta gloire à venger un affront ;
Porte-la plus avant : force par ta vaillance
Ce monarque au pardon, et Chimène au silence ;
1095 Si tu l'aimes, apprends que revenir vainqueur
C'est l'unique moyen de regagner son cœur.
Mais le temps est trop cher pour le perdre en paroles :
Je t'arrête en discours, et je veux que tu voles.
Viens, suis-moi, va combattre, et montrer à ton roi
1100 Que ce qu'il perd au Comte il le recouvre en toi.

12. **Descendre :** lancer une attaque.

13. **Flux :** marée.

14. **Zèle :** vif désir d'agir au service d'une cause.

15. **Tu les as prévenus :** tu as agi avant eux.

16. **Bande :** troupe.

17. **Soutenir l'abord :** repousser l'attaque.

18. **Vers 1090 :** Fais en sorte que le roi soit sauvé grâce à ta mort.

19. **Palmes :** symboles de victoire militaire.

Pause lecture 9

Avez-vous bien lu ?

- Don Diègue propose à Rodrigue :
  - ❑ **a.** de s'embarquer pour gagner le Maroc.
  - ❑ **b.** de tendre une embuscade aux Mores.

Au fil du texte

1. Dans la scène 5, pourquoi don Diègue s'inquiète-t-il de ne pas trouver Rodrigue ? Quelles explications imagine-t-il ?
2. Quelles raisons don Diègue donne-t-il pour expliquer sa « joie », dans les vers 1025 à 1038 ?
3. Rodrigue partage-t-il la joie de son père ? Dans les vers 1045 à 1052, relevez les termes évoquant le duel et les termes évoquant l'amour : quel effet produit leur mélange ?
4. Quelle conception don Diègue se fait-il de l'amour ?

5 Zoom sur les vers 1061 à 1070

a. Relevez les termes du champ lexical de l'amour : quelle valeur nouvelle apparaît dans les propos de Rodrigue ? En quoi s'oppose-t-elle aux conceptions de son père ?

b. La valeur guerrière a-t-elle la même importance pour les deux hommes ? À votre avis, pourquoi ?

c. Quel vers exprime le dilemme qui déchire Rodrigue ? Est-ce le même qu'au moment des stances (acte I, scène 6) ?

d. Quelle issue envisage-t-il ? Qui a déjà choisi la même solution ?

6 Quelles nouvelles don Diègue apporte-t-il dans les vers 1071 à 1078 ? Cette situation a déjà été évoquée précédemment. Par qui ?

7 Que propose don Diègue à son fils ? Avec quels arguments ?

8 Pourquoi Rodrigue ne répond-il pas ? À votre avis, que va-t-il faire ?

Pour conclure

9 Ces deux scènes (avec les mêmes personnages) font écho à deux autres scènes similaires : lesquelles ?

10 Comment la situation a-t-elle évolué entre ces deux groupes de scènes ?

11 Quel personnage est resté le même ? Quel personnage a changé ?

Vocabulaire Perfidie, fidélité, foi

a. Quel mot latin est à l'origine des mots *perfide* (vers 1064), *fidélité* (vers 1065) et *foi* (vers 1068) ?

b. Donnez le sens des expressions *sur la foi de – faire foi – de bonne foi – de mauvaise foi – avoir foi en – une profession de foi – sans foi ni loi.*

c. Employez cinq de ces expressions dans des phrases de votre invention.

Mise en scène

Par groupes de trois (un metteur en scène et deux acteurs), jouez la scène 6. Comment vous y prendriez-vous pour souligner les différences d'état d'esprit entre les deux personnages ?

Retour sur...

I L'action

1. Quelle est la situation de chaque protagoniste* à la fin de l'acte III ?
2. Quel événement survient à la fin de cet acte ? Quelles possibilités ouvre-t-il ?

II Les personnages

3. Quels personnages sont au premier plan dans l'acte III ? Sont-ils en conflit les uns avec les autres ?
4. Pourquoi Chimène et Rodrigue sont-ils plus émouvants que les autres personnages ?

III Les valeurs

5. Quelles valeurs règlent la conduite des différents personnages dans cet acte ?
6. Quelles valeurs sont partagées par tous ? Quelles valeurs sont propres à certains ?
7. Comment les protagonistes envisagent-ils de résoudre les dilemmes auxquels ils sont confrontés ?

IV Les bienséances

8. Pourquoi cet acte a-t-il pu être jugé choquant par certains des contemporains de Corneille ? Pourquoi d'autres spectateurs ont-ils été enthousiasmés ?

V La mise en scène

9. Quelles différences percevez-vous entre l'acte II et l'acte III ?
10. Comment les feriez-vous apparaître dans la mise en scène ?

Écriture

Un nouvel élève vient d'arriver dans votre classe. Il n'a pas encore lu *Le Cid*. Pour qu'il puisse suivre le prochain cours, vous rédigez à son intention un résumé des trois premiers actes, en trente lignes environ.

ACTE IV

CHIMÈNE, ELVIRE

CHIMÈNE
N'est-ce point un faux bruit[1] ? le sais-tu bien, Elvire ?

ELVIRE
Vous ne croiriez jamais comme chacun l'admire,
Et porte jusqu'au ciel, d'une commune voix,
De ce jeune héros les glorieux exploits.
1105 Les Mores devant lui n'ont paru qu'à leur honte ;
Leur abord[2] fut bien prompt[3], leur fuite encor plus prompte.
Trois heures de combat laissent à nos guerriers
Une victoire entière et deux rois prisonniers.
La valeur de leur chef ne trouvait point d'obstacles.

CHIMÈNE
1110 Et la main de Rodrigue a fait tous ces miracles ?

1. **Un faux bruit** : une rumeur.
2. **Abord :** attaque.
3. **Prompt :** rapide.

Ci-contre :
Le Cid, mise en scène d'Alain Ollivier, avec Cl. Sermonne (Chimène), et J. Vidit (Elvire), théâtre Gérard-Philipe de Saint-Denis (TGP), novembre 2007.

ELVIRE
De ses nobles efforts ces deux rois sont le prix[4] :
Sa main les a vaincus, et sa main les a pris[5].

CHIMÈNE
De qui peux-tu savoir ces nouvelles étranges ?

ELVIRE
Du peuple qui partout fait sonner ses louanges,
Le nomme de sa joie et l'objet et l'auteur, 1115
Son ange tutélaire[6], et son libérateur.

CHIMÈNE
Et le Roi, de quel œil voit-il tant de vaillance ?

ELVIRE
Rodrigue n'ose encor paraître en sa présence ;
Mais don Diègue ravi lui présente enchaînés,
Au nom de ce vainqueur, ces captifs couronnés, 1120
Et demande pour grâce à ce généreux prince
Qu'il daigne voir la main qui sauve la province.

CHIMÈNE
Mais n'est-il point blessé ?

ELVIRE
Je n'en ai rien appris.
Vous changez de couleur ! reprenez vos esprits.

CHIMÈNE
Reprenons donc aussi ma colère affaiblie : 1125
Pour avoir soin de lui[7] faut-il que je m'oublie ?
On le vante, on le loue, et mon cœur y consent !
Mon honneur est muet, mon devoir impuissant !

4. **Le prix :** la récompense.
5. **Les a pris :** les a capturés.
6. **Tutélaire :** protecteur.
7. **Avoir soin de lui :** m'inquiéter pour lui.

Silence, mon amour, laisse agir ma colère :
1130 S'il[8] a vaincu deux rois, il a tué mon père ;
Ces tristes vêtements, où je lis mon malheur,
Sont les premiers effets qu'ait produit sa valeur,
Et quoi qu'on die[9] ailleurs d'un cœur si magnanime[10],
Ici tous les objets me parlent de son crime.
1135 Vous qui rendez la force à mes ressentiments,
Voiles, crêpes[11], habits, lugubres ornements,
Pompe[12] que me prescrit sa première victoire,
Contre ma passion soutenez bien ma gloire ;
Et lorsque mon amour prendra trop de pouvoir,
1140 Parlez à mon esprit de mon triste devoir,
Attaquez sans rien craindre une main triomphante.

ELVIRE
Modérez ces transports[13], voici venir l'Infante.

8. **S'il :** même s'il.
9. **Quoi qu'on die :** quoi qu'on dise.
10. **Magnanime :** courageux et noble.
11. **Crêpes :** pièces de tissu noir et fin symbolisant le deuil.
12. **Pompe :** ensemble des marques publiques du deuil.
13. **Transports :** émotions violentes.

Scène 2

L'INFANTE, CHIMÈNE, LÉONOR, ELVIRE

L'INFANTE

Je ne viens pas ici consoler tes douleurs ;
Je viens plutôt mêler mes soupirs à tes pleurs.

CHIMÈNE

Prenez bien plutôt part à la commune joie, 1145
Et goûtez le bonheur que le ciel vous envoie,
Madame : autre que moi n'a droit de soupirer.
Le péril dont Rodrigue a su nous retirer,
Et le salut public que vous rendent ses armes,
À moi seule aujourd'hui souffrent[1] encor les larmes : 1150
Il a sauvé la ville, il a servi son roi ;
Et son bras valeureux n'est funeste qu'à moi.

L'INFANTE

Ma Chimène, il est vrai qu'il a fait des merveilles.

CHIMÈNE

Déjà ce bruit fâcheux a frappé mes oreilles ;
Et je l'entends partout publier[2] hautement 1155
Aussi brave guerrier que malheureux amant.

L'INFANTE

Qu'a de fâcheux pour toi ce discours populaire ?
Ce jeune Mars[3] qu'il loue a su jadis te plaire :
Il possédait ton âme, il vivait sous tes lois ;
Et vanter sa valeur, c'est honorer ton choix. 1160

CHIMÈNE

Chacun peut la vanter avec quelque justice ;

1. **Souffrent :** permettent, autorisent.
2. **Je l'entends partout publier :** j'entends dire partout qu'il est.
3. **Mars :** dieu romain de la guerre.

Mais pour moi sa louange est un nouveau supplice.
On aigrit[4] ma douleur en l'élevant[5] si haut :
Je vois ce que je perds quand je vois ce qu'il vaut.
1165 Ah ! cruels déplaisirs à l'esprit d'une amante !
Plus j'apprends son mérite, et plus mon feu s'augmente :
Cependant mon devoir est toujours le plus fort,
Et malgré mon amour, va poursuivre sa mort.

L'INFANTE
Hier ce devoir te mit en une haute estime ;
1170 L'effort que tu te fis parut si magnanime[6],
Si digne d'un grand cœur, que chacun à la cour
Admirait ton courage et plaignait ton amour.
Mais croirais-tu l'avis d'une amitié fidèle ?

CHIMÈNE
Ne vous obéir pas me rendrait criminelle.

L'INFANTE
1175 Ce qui fut juste alors ne l'est plus aujourd'hui.
Rodrigue maintenant est notre unique appui,
L'espérance et l'amour d'un peuple qui l'adore,
Le soutien de Castille, et la terreur du More.
Le Roi même est d'accord de[7] cette vérité,
1180 Que ton père en lui seul se voit ressuscité ;
Et si tu veux enfin qu'en deux mots je m'explique,
Tu poursuis en sa mort la ruine publique.
Quoi ! pour venger un père est-il jamais permis
De livrer sa patrie aux mains des ennemis ?
1185 Contre nous ta poursuite est-elle légitime[8],
Et pour être punis avons-nous part au crime ?
Ce n'est pas qu'après tout[9] tu doives épouser

4. **On aigrit :** on rend plus aiguë.
5. **En l'élevant :** en élevant Rodrigue.
6. **Magnanime :** noble.
7. **Est d'accord de :** accepte.
8. **Légitime :** juste.
9. **Après tout :** toutefois.

Celui qu'un père mort t'obligeait d'accuser :
Je te voudrais moi-même en arracher l'envie ;
Ôte-lui ton amour, mais laisse-nous sa vie. 1190

CHIMÈNE
Ah ! ce n'est pas à moi d'avoir tant de bonté ;
Le devoir qui m'aigrit n'a rien de limité.
Quoique pour ce vainqueur mon amour s'intéresse,
Quoiqu'un peuple l'adore et qu'un roi le caresse[10],
Qu'il soit environné des plus vaillants guerriers, 1195
J'irai sous mes cyprès accabler ses lauriers[11].

L'INFANTE
C'est générosité quand pour venger un père
Notre devoir attaque une tête si chère ;
Mais c'en est une encor d'un plus illustre rang,
Quand on donne au public les intérêts du sang[12]. 1200
Non, crois-moi, c'est assez que d'éteindre ta flamme ;
Il sera trop puni s'il n'est plus dans ton âme.
Que le bien du pays t'impose cette loi :
Aussi bien, que crois-tu que t'accorde le Roi ?

CHIMÈNE
Il peut me refuser[13], mais je ne puis me taire. 1205

L'INFANTE
Pense bien, ma Chimène, à ce que tu veux faire.
Adieu : tu pourras seule y penser à loisir.

CHIMÈNE
Après mon père mort, je n'ai point à choisir.

10. **Le caresse :** lui manifeste de l'affection.

11. **Vers 1196 :** les cyprès symbolisent le deuil, les lauriers symbolisent la victoire. En deuil, je le persécuterai, malgré sa victoire.

12. **Vers 1200 :** Quand on sacrifie l'intérêt de sa famille à l'intérêt général.

13. **Me refuser :** me refuser le droit de poursuivre Rodrigue.

Pause lecture 10 ACTE IV ◆ scènes 1 et 2

Avez-vous bien lu ?

- Au début de l'acte IV, Elvire annonce : ❑ **a.** que les Mores ont envahi Séville.
  ❑ **b.** que Rodrigue a vaincu les Mores.
- Chimène décide : ❑ **a.** de ne plus poursuivre Rodrigue.
  ❑ **b.** de continuer à exiger que Rodrigue soit puni.

Au fil du texte

Scène 1

1. Comment Elvire a-t-elle appris les nouvelles qu'elle rapporte ?
2. Relevez les mots par lesquels Rodrigue est désigné des vers 1102 à 1116 : quelle dimension nouvelle le personnage prend-il ?
3. Que se passe-t-il au palais pendant la conversation entre Chimène et Elvire ?
4. Comment l'amour de Chimène se manifeste-t-il ?
5. À quel mode sont les verbes des vers 1129, 1138, 1140, 1141 ? Comment l'emploi de ce mode se justifie-t-il, selon vous ?

Scène 2

6. Pourquoi, selon Chimène, l'Infante ne peut-elle pas partager sa douleur ?
7. Dans les vers 1175 à 1186, quelle raison l'Infante donne-t-elle à Chimène pour lui demander de ne plus poursuivre Rodrigue ? A-t-elle raison ?
8. Que lui conseille-t-elle dans les vers 1187 à 1190 ? Que Chimène lui répond-elle sur ce point ?

9 Que sait le spectateur et qu'ignore Chimène sur les sentiments de l'Infante ? Comment cette connaissance modifie-t-elle le sens des paroles de l'Infante ?

Pour conclure

10 Quels personnages occupent la scène en ce début d'acte IV ? Quel acte a commencé de la même façon ?

11 Comment la situation de Chimène et celle de l'Infante ont-elles évolué entre ces deux actes ?

12 Le dilemme de Chimène est-il encore comparable à celui de Rodrigue à la fin de l'acte I ?

Vocabulaire Pompe

a. Cherchez l'origine étymologique du mot *pompe* dans le sens qu'il a au vers 1137.

b. Donnez le sens actuel des expressions : *les pompes funèbres – en grande pompe.*

c. Le mot *pompe* a un homonyme : cet homonyme a-t-il la même étymologie ? Classez ses différents sens selon leur niveau de langue (courant ou familier).

Recherches

« J'irai sous mes cyprès accabler ses lauriers » (vers 1196)

- Lisez, dans les *Métamorphoses* d'Ovide, les épisodes consacrés à Daphné (Livre I, vers 452-567) et à Cyparissus (livre X, vers 106 à 142).
- Expliquez, d'après ces textes, ce que symbolisent le cyprès et le laurier dans l'Antiquité.

Scène 3

DON FERNAND, DON DIÈGUE, DON ARIAS,
DON RODRIGUE, DON SANCHE

DON FERNAND

Généreux héritier d'une illustre famille,
1210 Qui fut toujours la gloire et l'appui de Castille,
Race de tant d'aïeux[1] en valeur signalés[2],
Que l'essai de la tienne a sitôt[3] égalés,
Pour te récompenser ma force est trop petite ;
Et j'ai moins de pouvoir que tu n'as de mérite.
1215 Le pays délivré d'un si rude ennemi,
Mon sceptre dans ma main par la tienne affermi,
Et les Mores défaits, avant qu'en ces alarmes
J'eusse pu donner ordre à repousser leurs armes,
Ne sont point des exploits qui laissent à ton roi
1220 Le moyen ni l'espoir de s'acquitter vers toi[4].
Mais deux rois tes captifs feront ta récompense.
Ils t'ont nommé tous deux leur Cid en ma présence :
Puisque Cid en leur langue est autant que seigneur,
Je ne t'envierai pas ce beau titre d'honneur.
1225 Sois désormais le Cid : qu'à ce grand nom tout cède ;
Qu'il comble[5] d'épouvante et Grenade et Tolède,
Et qu'il marque[6] à tous ceux qui vivent sous mes lois
Et ce que tu me vaux, et ce que je te dois.

DON RODRIGUE

Que Votre Majesté, Sire, épargne ma honte.
1230 D'un si faible service elle fait trop de compte[7],
Et me force à rougir devant un si grand roi

Le Cid, histoire et légende

Le Cid a réellement existé. Il a vécu de 1043 à 1099. Sa valeur militaire est devenue légendaire. Mais il ne fut pas un modèle de fidélité à son roi : c'était un mercenaire, se battant pour le plus offrant, qu'il soit chrétien ou musulman. Et il fut, semble-t-il, d'une cruauté monstrueuse...

1. **Aïeux :** ancêtres.
2. **Signalés :** remarquables.
3. **Sitôt :** aussitôt.
4. **Vers toi :** envers toi.
5. **Comble :** remplisse.
6. **Qu'il marque :** qu'il indique, qu'il signale.
7. **Elle fait trop de compte :** elle attache trop d'importance.

De mériter si peu l'honneur que j'en reçoi[8].
Je sais trop que je dois au bien[9] de votre empire,
Et le sang qui m'anime, et l'air que je respire ;
Et quand je les perdrai pour un si digne objet[10], 1235
Je ferai seulement le devoir d'un sujet.

DON FERNAND

Tous ceux que ce devoir à mon service engage
Ne s'en acquittent pas avec même courage ;
Et lorsque la valeur ne va point dans l'excès[11],
Elle ne produit point de si rares[12] succès. 1240
Souffre donc qu'on te loue[13], et de cette victoire
Apprends-moi plus au long la véritable histoire.

DON RODRIGUE

Sire, vous avez su qu'en ce danger pressant,
Qui jeta dans la ville un effroi si puissant,
Une troupe d'amis chez mon père assemblée 1245
Sollicita mon âme encor toute troublée…
Mais, Sire, pardonnez à ma témérité[14],
Si j'osai l'employer sans votre autorité :
Le péril approchait ; leur brigade[15] était prête ;
Me montrant à la cour, je hasardais ma tête[16] ; 1250
Et s'il fallait la perdre, il m'était bien plus doux
De sortir de la vie en combattant pour vous.

DON FERNAND

J'excuse ta chaleur à venger ton offense ;
Et l'État défendu me parle en ta défense :
Crois que dorénavant Chimène a beau parler, 1255
Je ne l'écoute plus que pour la consoler.
Mais poursuis.

8. **Reçoi :** orthographe acceptée pour la rime.
9. **Au bien :** à la prospérité, au bonheur.
10. **Un si digne objet :** une si juste cause.
11. **Ne va point dans l'excès :** n'est pas hors du commun.
12. **Rares :** extraordinaires.
13. **Souffre […] qu'on te loue :** accepte les louanges.
14. **Témérité :** audace.
15. **Brigade :** troupe.
16. **Je hasardais ma tête :** je risquais la mort.

DON RODRIGUE

Sous moi donc cette troupe s'avance,
Et porte sur le front[17] une mâle assurance.
Nous partîmes cinq cents ; mais par un prompt renfort
1260 Nous nous vîmes trois mille en arrivant au port,
Tant, à nous voir marcher avec un tel visage,
Les plus épouvantés reprenaient de courage !
J'en cache les deux tiers, aussitôt qu'arrivés,
Dans le fond des vaisseaux qui lors[18] furent trouvés ;
1265 Le reste, dont le nombre augmentait à toute heure,
Brûlant d'impatience autour de moi demeure,
Se couche contre terre, et sans faire aucun bruit,
Passe une bonne part d'une si belle nuit.
Par mon commandement la garde en fait de même,
1270 Et se tenant cachée, aide à mon stratagème[19] ;
Et je feins[20] hardiment d'avoir reçu de vous
L'ordre qu'on me voit suivre et que je donne à tous.
Cette obscure clarté qui tombe des étoiles
Enfin avec le flux[21] nous fait voir trente voiles ;
1275 L'onde s'enfle dessous, et d'un commun effort
Les Mores et la mer montent jusques au port.
On les laisse passer ; tout leur paraît tranquille ;
Point de soldats au port, point aux murs de la ville.
Notre profond silence abusant[22] leurs esprits,
1280 Ils n'osent plus douter[23] de nous avoir surpris ;
Ils abordent sans peur, ils ancrent[24], ils descendent,
Et courent se livrer aux mains qui les attendent.
Nous nous levons alors, et tous en même temps
Poussons jusques au ciel mille cris éclatants.
1285 Les nôtres, à ces cris, de nos vaisseaux répondent ;
Ils paraissent armés[25], les Mores se confondent[26],

17. **Sur le front :** sur le visage.
18. **Lors :** alors.
19. **Stratagème :** ruse.
20. **Je feins :** je fais semblant.
21. **Le flux :** la marée montante.
22. **Abusant :** trompant.
23. **Ils n'osent plus douter :** ils sont persuadés.
24. **Ils ancrent :** ils jettent l'ancre.
25. **Ils paraissent armés :** ils se montrent avec leurs armes.
26. **Se confondent :** perdent leurs moyens.

L'épouvante les prend à demi descendus ;
Avant que de combattre, ils s'estiment perdus.
Ils couraient au pillage, et rencontrent la guerre ;
Nous les pressons[27] sur l'eau, nous les pressons sur terre, 1290
Et nous faisons courir des ruisseaux de leur sang,
Avant qu'aucun résiste, ou reprenne son rang.
Mais bientôt, malgré nous, leurs princes les rallient[28] ;
Leur courage renaît, et leurs terreurs s'oublient :
La honte de mourir sans avoir combattu 1295
Arrête leur désordre, et leur rend leur vertu[29].
Contre nous de pied ferme ils tirent leurs alfanges[30],
De notre sang au leur font d'horribles mélanges ;
Et la terre, et le fleuve, et leur flotte, et le port,
Sont des champs de carnage où triomphe la mort. 1300
Ô combien d'actions, combien d'exploits célèbres
Sont demeurés sans gloire au milieu des ténèbres,
Où chacun, seul témoin des grands coups qu'il donnait,
Ne pouvait discerner[31] où le sort inclinait !
J'allais de tous côtés encourager les nôtres, 1305
Faire avancer les uns, et soutenir les autres,
Ranger ceux qui venaient, les pousser à leur tour,
Et ne l'ai pu savoir[32] jusques au point du jour.
Mais enfin sa clarté montre notre avantage :
Le More voit sa perte, et perd soudain courage ; 1310
Et voyant un renfort qui nous vient secourir,
L'ardeur de vaincre cède à la peur de mourir.
Ils gagnent leurs vaisseaux, ils en coupent les câbles,
Poussent jusques aux cieux des cris épouvantables,
Font retraite en tumulte, et sans considérer[33] 1315
Si leurs rois avec eux peuvent se retirer.
Pour souffrir ce devoir[34] leur frayeur est trop forte :

27. **Pressons :** attaquons.
28. **Les rallient :** les rassemblent.
29. **Leur vertu :** leur énergie au combat.
30. **Alfanges :** sabres à lame recourbée.
31. **Discerner :** voir clairement.
32. **Ne l'ai pu savoir :** je n'ai pu savoir « où le sort inclinait » (vers 1304)
33. **Sans considérer :** sans se demander.
34. **Ce devoir :** le devoir d'aider leurs chefs à rembarquer.

Le flux les apporta ; le reflux les remporte,
Cependant que leurs rois, engagés parmi nous,
1320 Et quelque peu des leurs, tous percés de nos coups,
Disputent[35] vaillamment et vendent bien leur vie.
À se rendre moi-même en vain je les convie[36] :
Le cimeterre[37] au poing ils ne m'écoutent pas ;
Mais voyant à leurs pieds tomber tous leurs soldats,
1325 Et que seuls désormais en vain ils se défendent,
Ils demandent le chef : je me nomme, ils se rendent.
Je vous les envoyai tous deux en même temps ;
Et le combat cessa faute de combattants.
C'est de cette façon que, pour votre service...

35. **Disputent :** défendent.
36. **Convie :** invite.
37. **Cimeterre :** sabre à lame courbe (voir alfanges, v. 1297).

Ci-contre :
Le Cid, mise en scène de J.-Ph. Daguerre, avec St. Dauch (Don Gomez), J. Dionnet (Don Sanche), K. Isker (Don Rodrigue), Ch. Mie (Don Arias), Yves Roux (Don Diègue), Compagnie Le Grenier de Babouchka, théâtre Michel, février 2016.

Pause lecture 11

Avez-vous bien lu ?

- Le nom de Cid est donné à Rodrigue :
  - ❑ **a.** par les rois mores captifs.
  - ❑ **b.** par le roi don Fernand.

Au fil du texte

1. Que s'est-il passé depuis la dernière apparition du Roi sur scène ?
2. Quels bénéfices le Roi retire-t-il de la victoire de Rodrigue ?
3. Dans quels vers le titre de la pièce trouve-t-il son explication ?
4. Quels sentiments Rodrigue exprime-t-il dans les vers 1229 à 1236 ? Quelle position adopte-t-il vis-à-vis du pouvoir royal ?
5. Comment Rodrigue justifie-t-il le fait d'avoir agi sans ordre du Roi (vers 1243 à 1252) ? Donne-t-il toutes ses raisons ?
6. Pourquoi la réplique du Roi aux vers 1253-1256 est-elle importante pour la suite de la pièce ?

7 Zoom sur les vers 1257 à 1329

a. Que fait Rodrigue dans cette longue tirade ? Pourquoi est-ce nécessaire ?

b. Quels éléments ont assuré la supériorité des Espagnols ? La victoire a-t-elle cependant été facile ?

c. Quelles qualités Rodrigue a-t-il montrées en tant que chef de l'expédition ?

d. Combien d'étapes le combat a-t-il comporté ? Quels vers indiquent le passage d'une étape à une autre ?

e. Comment s'opposent les différents moments du combat ? Par quels moyens le narrateur fait-il sentir les contrastes ?

f. Le vers 1273 comporte un célèbre oxymore (voir p. 170) : cherchez la définition de ce terme, puis dites si l'expression « obscure clarté » vous paraît avoir du sens.

g. Le vers 1274 comporte une métonymie : relevez-la et expliquez-la.

h. Relisez à voix haute les vers 1275-1276 et repérez les répétitions de sonorités (allitérations et assonances) : que soulignent-elles ?

Pour conclure

8 En quoi la scène 3 de l'acte IV est-elle différente du reste de la pièce ?

9 Que change-t-elle dans la situation des protagonistes* ?

Vocabulaire Le Cid

Aux vers 1222-1223, le Roi indique le sens du mot *Cid* dans la langue des Mores. En consultant Internet :

a. vérifiez si cette explication est exacte ;

b. cherchez sur Internet d'autres mots d'origine arabe en usage dans la langue française.

Exposé

Le Cid, héros épique

Vous avez en classe de Cinquième étudié des extraits d'*épopées* et connu des personnages qu'on qualifie de *héros*.

- Rappelez les définitions de ces termes, puis, par groupes de deux, cherchez ce qui rend *épique* le récit de Rodrigue, et ce qui fait de lui un *héros*.
- Classez vos arguments par ordre d'importance croissante, puis exposez-les à vos camarades. Citez des extraits du texte pour appuyer vos affirmations.

Scène 4

DON FERNAND, DON DIÈGUE, DON RODRIGUE,
DON ARIAS, DON ALONSE, DON SANCHE

DON ALONSE
Sire, Chimène vient vous demander justice. 1330

DON FERNAND
La fâcheuse nouvelle, et l'importun[1] devoir !
Va, je ne la veux pas obliger à te voir.
Pour tous remerciements il faut que je te chasse ;
Mais avant que[2] sortir, viens, que ton roi t'embrasse.
(Don Rodrigue rentre.)

DON DIÈGUE
Chimène le poursuit, et voudrait le sauver. 1335

DON FERNAND
On m'a dit qu'elle l'aime, et je vais l'éprouver[3].
Montrez un œil plus triste.

1. **Importun :** gênant.
2. **Avant que :** avant de.
3. **L'éprouver :** le vérifier.

Scène 5

DON FERNAND, DON DIÈGUE, DON ARIAS, DON SANCHE, DON ALONSE, CHIMÈNE, ELVIRE

DON FERNAND

Enfin soyez contente,
Chimène, le succès répond à votre attente :
Si de nos ennemis Rodrigue a le dessus,
1340 Il est mort à nos yeux des coups qu'il a reçus ;
Rendez grâce au ciel qui vous en a vengée.

(À Don Diègue.)

Voyez comme déjà sa couleur est changée.

DON DIÈGUE

Mais voyez qu'elle pâme[1], et d'un amour parfait,
Dans cette pâmoison, Sire, admirez l'effet.
1345 Sa douleur a trahi les secrets de son âme,
Et ne vous permet plus de douter de sa flamme.

CHIMÈNE

Quoi ! Rodrigue est donc mort ?

DON FERNAND

Non, non, il voit le jour,
Et te conserve encore un immuable amour :
Calme cette douleur qui pour lui s'intéresse.

CHIMÈNE

1350 Sire, on pâme de joie, ainsi que de tristesse :
Un excès de plaisir nous rend tout languissants[2],
Et quand il surprend l'âme, il accable les sens.

1. **Elle pâme :** elle s'évanouit (au vers suivant, **pâmoison** : évanouissement).

2. **Languissants :** affaiblis.

Don Fernand

Tu veux qu'en ta faveur nous croyions l'impossible ?
Chimène, ta douleur a paru trop visible.

Chimène

Eh bien ! Sire, ajoutez ce comble à mon malheur, 1355
Nommez ma pâmoison l'effet de ma douleur :
Un juste déplaisir[3] à ce point m'a réduite.
Son trépas dérobait sa tête à ma poursuite ;
S'il meurt des coups reçus pour le bien du pays,
Ma vengeance est perdue et mes desseins[4] trahis : 1360
Une si belle fin m'est trop injurieuse[5].
Je demande sa mort, mais non pas glorieuse,
Non pas dans un éclat qui l'élève si haut,
Non pas au lit d'honneur[6], mais sur un échafaud ;
Qu'il meure pour mon père, et non pour la patrie ; 1365
Que son nom soit taché, sa mémoire flétrie.
Mourir pour le pays n'est pas un triste sort ;
C'est s'immortaliser par une belle mort.
J'aime donc sa victoire, et je le puis sans crime ;
Elle assure l'État, et me rend ma victime, 1370
Mais noble, mais fameuse[7] entre tous les guerriers,
Le chef, au lieu de fleurs, couronné de lauriers[8] ;
Et pour dire en un mot ce que j'en considère,
Digne d'être immolée aux mânes[9] de mon père…
Hélas ! à quel espoir me laissé-je emporter ! 1375
Rodrigue de ma part n'a rien à redouter :
Que pourraient contre lui des larmes qu'on méprise ?
Pour lui tout votre empire est un lieu de franchise[10] ;
Là, sous votre pouvoir, tout lui devient permis ;
Il triomphe de moi comme des ennemis. 1380

3. **Déplaisir :** profonde douleur.
4. **Desseins :** projets.
5. **Injurieuse :** injuste.
6. **Au lit d'honneur :** au service du roi et de la patrie.
7. **Fameuse :** célèbre.
8. **Vers 1372 :** La tête couronnée de lauriers, et non de fleurs mortuaires.
9. **Les Mânes :** l'âme divinisée, dans la religion romaine.
10. **Un lieu de franchise :** un asile qui lui assure la vie sauve.

Le triomphe

À Rome, les généraux vainqueurs étaient honorés au cours d'une cérémonie publique appelée triomphe. Couronnés de lauriers, ils défilaient sur un char tiré par quatre chevaux. Ils étaient précédés par un char exposant leur butin, puis par les membres du Sénat, les chefs vaincus et les prisonniers. Les soldats vainqueurs fermaient la marche.

Dans leur sang répandu la justice étouffée
Aux crimes du vainqueur sert d'un nouveau trophée :
Nous en croissons[11] la pompe, et le mépris des lois
Nous fait suivre son char au milieu de deux rois[12].

DON FERNAND

1385 Ma fille, ces transports ont trop de violence.
Quand on rend la justice on met tout en balance :
On a tué ton père, il était l'agresseur ;
Et la même équité[13] m'ordonne la douceur.
Avant que d'accuser ce que j'en fais paraître,
1390 Consulte bien ton cœur : Rodrigue en est le maître,
Et ta flamme en secret rend grâces à ton roi,
Dont la faveur conserve un tel amant pour toi.

CHIMÈNE

Pour moi ! mon ennemi ! l'objet de ma colère !
L'auteur de mes malheurs ! l'assassin de mon père !
1395 De ma juste poursuite on fait si peu de cas
Qu'on me croit obliger[14] en ne m'écoutant pas !
Puisque vous refusez la justice à mes larmes,
Sire, permettez-moi de recourir aux armes[15] ;
C'est par là seulement qu'il a su m'outrager,
1400 Et c'est aussi par là que je me dois venger.
À tous vos cavaliers je demande sa tête :
Oui, qu'un d'eux me l'apporte, et je suis sa conquête ;
Qu'ils le combattent, Sire ; et le combat fini,
J'épouse le vainqueur, si Rodrigue est puni.
1405 Sous votre autorité souffrez qu'on le publie[16].

11. **Croissons :** augmentons.
12. **Pompe :** défilé des généraux romains victorieux dans l'Antiquité. Chimène estime qu'elle devient l'un des trophées de Rodrigue, au même titre que les deux rois maures vaincus.
13. **La même équité :** l'égalité elle-même.
14. **On me croit obliger :** on croit me faire plaisir.
15. **Recourir aux armes :** Chimène demande un duel judiciaire.
16. **Qu'on le publie :** qu'on l'annonce officiellement par un crieur public.

Don Fernand

Cette vieille coutume en ces lieux établie,
Sous couleur de[17] punir un injuste attentat,
Des meilleurs combattants affaiblit un État ;
Souvent de cet abus le succès[18] déplorable
Opprime l'innocent et soutient le coupable. 1410
J'en dispense Rodrigue ; il m'est trop précieux
Pour l'exposer aux coups d'un sort capricieux ;
Et quoi qu'ait pu commettre un cœur si magnanime,
Les Mores en fuyant ont emporté son crime.

Don Diègue

Quoi ! Sire, pour lui seul vous renversez des lois 1415
Qu'a vu toute la cour observer tant de fois !
Que croira votre peuple, et que dira l'envie[19],
Si sous votre défense il ménage sa vie,
Et s'en fait un prétexte à ne paraître pas
Où tous les gens d'honneur cherchent un beau trépas ? 1420
De pareilles faveurs terniraient trop sa gloire :
Qu'il goûte sans rougir les fruits de sa victoire.
Le Comte eut de l'audace ; il l'en a su punir :
Il l'a fait en brave homme[20], et le doit maintenir.

Don Fernand

Puisque vous le voulez, j'accorde qu'il le fasse ; 1425
Mais d'un guerrier vaincu mille prendraient la place,
Et le prix que Chimène au vainqueur a promis
De tous mes cavaliers ferait ses ennemis.
L'opposer seul à tous serait trop d'injustice :
Il suffit qu'une fois il entre dans la lice[21]. 1430
Choisis qui tu voudras, Chimène, et choisis bien ;
Mais après ce combat ne demande plus rien.

Le duel judiciaire

Chimène réclame ce qu'on appelle un duel judiciaire. Cette « vieille coutume » remontant au Moyen Âge, se rattache au « jugement de Dieu » ou *ordalie*. Elle repose sur la croyance que Dieu ne peut permettre la mort de l'innocent et qu'il lui donnera la victoire. Les vers 1406 à 1410 montrent que le Roi est sceptique sur ce point.

17. **Sous couleur de :** sous prétexte de.
18. **Le succès :** le résultat.
19. **L'envie :** la jalousie.
20. **Brave homme :** homme brave, courageux.
21. **La lice :** terrain long et étroit où se déroulaient les tournois.

DON DIÈGUE
N'excusez point par là ceux que son bras étonne[22] :
Laissez un champ[23] ouvert, où n'entrera personne.
1435 Après ce que Rodrigue a fait voir aujourd'hui,
Quel courage assez vain[24] s'oserait prendre à lui ?
Qui se hasarderait contre un tel adversaire ?
Qui serait ce vaillant, ou bien ce téméraire ?

DON SANCHE
Faites ouvrir le champ : vous voyez l'assaillant ;
1440 Je suis ce téméraire, ou plutôt ce vaillant.
Accordez cette grâce à l'ardeur qui me presse.
Madame : vous savez quelle est votre promesse.

DON FERNAND
Chimène, remets-tu ta querelle[25] en sa main ?

CHIMÈNE
Sire, je l'ai promis.

DON FERNAND
Soyez prêt à[26] demain.

DON DIÈGUE
1445 Non, Sire, il ne faut pas différer[27] davantage :
On est toujours trop prêt quand on a du courage.

DON FERNAND
Sortir d'une bataille, et combattre à l'instant !

DON DIÈGUE
Rodrigue a pris haleine[28] en vous la racontant.

22. **Étonne :** frappe.
23. **Champ :** lice pour le combat entre deux personnes seulement.
24. **Vain :** prétentieux.
25. **Ta querelle :** ta cause.
26. **À :** pour.
27. **Différer :** remettre à plus tard.
28. **Haleine :** son souffle.

Don Fernand

Du moins une heure ou deux je veux qu'il se délasse[29].
Mais de peur qu'en exemple un tel combat ne passe, 1450
Pour témoigner à tous qu'à regret je permets
Un sanglant procédé qui ne me plut jamais,
De moi ni de ma cour il n'aura la présence.

(Il parle à Don Arias.)

Vous seul des combattants jugerez la vaillance :
Ayez soin que tous deux fassent en gens de cœur[30], 1455
Et le combat fini, m'amenez le vainqueur.
Quel qu'il soit, même prix est acquis à sa peine :
Je le veux de ma main présenter à Chimène,
Et que pour récompense il reçoive sa foi[31].

Chimène

Quoi ! Sire, m'imposer une si dure loi ! 1460

Don Fernand

Tu t'en plains ; mais ton feu, loin d'avouer ta plainte[32],
Si Rodrigue est vainqueur, l'accepte sans contrainte.
Cesse de murmurer[33] contre un arrêt si doux ;
Qui que ce soit des deux, j'en ferai ton époux.

29. **Se délasse :** se repose.
30. **Fassent en gens de cœur :** agissent à la fois loyalement et avec humanité.
31. **Sa foi :** sa promesse de l'épouser.
32. **D'avouer ta plainte :** d'être d'accord avec ta plainte.
33. **Murmurer :** protester.

Pause lecture 12 ACTE IV ◆ scènes 4 et 5

Avez-vous bien lu ?

- Au cours de la scène 5, Chimène : ❑ **a.** s'évanouit. ❑ **b.** essaie de se tuer.
- Le Roi décide que Rodrigue devra se battre en duel :
  ❑ **a.** contre plusieurs adversaires. ❑ **b.** contre un seul adversaire.

Au fil du texte

1. À quel moment Rodrigue quitte-t-il la scène ? Pourquoi doit-il le faire ?
2. Quel vers résume le dilemme de Chimène ? Qui le prononce ?
3. Quel moyen utilise le Roi pour révéler les sentiments de Chimène ?
4. Que veut faire croire Chimène aux vers 1350 à 1361 ? D'après les vers 1362 à 1374, que souhaite-t-elle exactement ? Pourquoi ?
5. Quels reproches implicites adresse-t-elle au Roi dans les vers 1375 à 1384 ? Sur quel ton le Roi lui répond-il ? Que met-il en avant ?
6. Pourquoi Chimène réclame-t-elle un duel judiciaire ? Et pour quelle raison promet-elle sa main au vainqueur ? Que veut-elle prouver ?
7. Comment le Roi justifie-t-il son refus ?
8. La proposition de don Sanche est-elle surprenante ? A-t-elle été préparée dans les actes précédents ?
9. Comment expliquez-vous la demande de don Diègue aux vers 1445-1446 ?
10. Quelles conditions le Roi met-il à son accord ? Que signifie la dernière réplique du Roi ? Sur quel ton la prononce-t-il ?

Pour conclure

11. Comment la scène 5 relance-t-elle l'action ? Quelles suites les spectateurs peuvent-ils imaginer ?
12. Le personnage de Chimène a-t-il évolué depuis sa précédente entrevue avec le Roi ? Pourquoi sa position est-elle fragilisée ?

Vocabulaire Sire

a. Cherchez quel mot latin est à l'origine du mot *sire* et donnez son sens.
b. Cherchez quels liens étymologiques relient les mots *sire – seigneur – sieur – monsieur – messire – Sir* (en anglais).
c. Donnez un homophone de *sire* et justifiez son orthographe à l'aide de son étymologie.
d. Quels sont les emplois du mot anglais *Sir* ?
e. Outre le mot *sire*, par quels autres mots respectueux pouvait-on s'adresser, en France, à un Roi ou aux membres de la famille royale ?

Versification

Relisez à voix haute les vers 1411 à 1414. Vérifiez pour chaque vers que vous prononcez bien 12 syllabes : que faut-il faire pour y parvenir ?

Mise en scène

Combien de personnages sont présents pendant la scène 5 ?

Faites un schéma ou construisez une maquette sur lesquels vous indiquerez quelle serait la place des acteurs après l'entrée de Chimène. Comparez vos propositions avec celles de vos camarades et justifiez vos choix.

Bilan ACTE IV

Retour sur...

I L'action

1. Quel événement majeur s'est produit entre l'acte III et l'acte IV ?

2. Cet événement a-t-il modifié les rapports de force entre les personnages ?

II Les personnages

3. Les sentiments des personnages ont-ils changé au cours de cet acte ?

4. Que nous apprend l'acte IV sur le personnage du Roi ?

III Les valeurs

5. Comment Rodrigue justifie-t-il ses actions au cours de cet acte ? Met-il en avant les mêmes valeurs qu'à l'acte III ?

6. Quels principes guident les exigences de Chimène ? Ont-ils changé par rapport à l'acte III ? Ont-ils le même poids ? Pourquoi ?

7. Quelles valeurs orientent les décisions du Roi ?

ACTE V

Scène 1

DON RODRIGUE, CHIMÈNE

CHIMÈNE

Quoi ! Rodrigue, en plein jour ! d'où te vient cette audace ? 1465
Va, tu me perds d'honneur[1] ; retire-toi, de grâce.

DON RODRIGUE

Je vais mourir, Madame, et vous viens en ce lieu,
Avant le coup mortel, dire un dernier adieu :
Cet immuable[2] amour qui sous vos lois m'engage
N'ose accepter ma mort sans vous en faire hommage[3]. 1470

CHIMÈNE

Tu vas mourir !

DON RODRIGUE

Je cours à ces heureux moments
Qui vont livrer ma vie à vos ressentiments.

CHIMÈNE

Tu vas mourir ! Don Sanche est-il si redoutable
Qu'il donne l'épouvante à ce cœur indomptable ?
Qui t'a rendu si faible, ou qui le rend si fort ? 1475
Rodrigue va combattre, et se croit déjà mort !
Celui qui n'a pas craint les Mores, ni mon père,
Va combattre don Sanche, et déjà désespère !
Ainsi donc au besoin[4] ton courage s'abat[5] !

DON RODRIGUE

Je cours à mon supplice, et non pas au combat ; 1480
Et ma fidèle ardeur sait bien m'ôter l'envie,
Quand vous cherchez ma mort, de défendre ma vie.

Hommage féodal et amour courtois

Au Moyen Âge, *l'hommage* est la cérémonie par laquelle un chevalier devient le vassal de son suzerain, le seigneur. Le vassal s'engage à servir son seigneur en échange de sa protection. L'amour courtois (ou *fin'amor*) transpose cette relation féodale dans le domaine des sentiments : l'amant rend *hommage* à sa Dame.

1. **Tu me perds d'honneur :** tu compromets ma réputation.
2. **Immuable :** qui ne changera jamais.
3. **Hommage :** soumission.
4. **Au besoin :** quand il est nécessaire.
5. **S'abat :** s'effondre.

J'ai toujours même cœur[6] ; mais je n'ai point de bras
Quand il faut conserver ce qui ne vous plaît pas ;
1485 Et déjà cette nuit m'aurait été mortelle,
Si j'eusse combattu pour ma seule querelle[7] ;
Mais défendant mon roi, son peuple et mon pays,
À me défendre mal[8] je les aurais trahis.
Mon esprit généreux ne hait pas tant la vie,
1490 Qu'il en veuille sortir[9] par une perfidie.
Maintenant qu'il s'agit de mon seul intérêt,
Vous demandez ma mort, j'en accepte l'arrêt[10],
Votre ressentiment choisit la main d'un autre
(Je ne méritais pas de mourir de la vôtre) :
1495 On ne me verra point en repousser les coups ;
Je dois plus de respect à qui combat[11] pour vous ;
Et ravi de penser que c'est de vous qu'ils viennent,
Puisque c'est votre honneur que ses armes soutiennent,
Je vais lui présenter mon estomac ouvert[12],
1500 Adorant en sa main la vôtre qui me perd[13].

CHIMÈNE

Si d'un triste devoir la juste violence,
Qui me fait malgré moi poursuivre ta vaillance,
Prescrit[14] à ton amour une si forte loi,
Qu'il te rend sans défense à qui combat pour moi,
1505 En cet aveuglement ne perds pas la mémoire
Qu'ainsi que de ta vie il y va de ta gloire,
Et que dans quelque éclat que Rodrigue ait vécu,
Quand on le saura mort, on le croira vaincu.
Ton honneur t'est plus cher que je ne te suis chère,
1510 Puisqu'il trempe tes mains dans le sang de mon père,
Et te fait renoncer, malgré ta passion,

6. **Cœur :** courage.
7. **Ma seule querelle :** ma propre cause.
8. **À me défendre mal :** si je m'étais mal défendu.
9. **Ne hait pas tant … sortir** : ne hait pas la vie au point de vouloir y mettre fin.
10. **L'arrêt :** la décision.
11. **À qui combat :** à quelqu'un qui combat.
12. **Mon estomac ouvert :** ma poitrine découverte.
13. **Qui me perd :** qui me tue.
14. **Prescrit :** ordonne.

À l'espoir le plus doux de ma possession :
Je t'en vois cependant faire si peu de compte,
Que sans rendre combat[15] tu veux qu'on te surmonte[16].
Quelle inégalité[17] ravale[18] ta vertu ? 1515
Pourquoi ne l'as-tu plus, ou pourquoi l'avais-tu ?
Quoi ? n'es-tu généreux que pour me faire outrage ?
S'il ne faut m'offenser, n'as-tu point de courage[19] ?
Et traites-tu mon père avec tant de rigueur,
Qu'après l'avoir vaincu tu souffres[20] un vainqueur ? 1520
Va, sans vouloir mourir, laisse-moi te poursuivre,
Et défends ton honneur, si tu ne veux plus vivre.

DON RODRIGUE

Après la mort du Comte, et les Mores défaits,
Faudrait-il à ma gloire encor d'autres effets[21] ?
Elle peut dédaigner[22] le soin de me défendre : 1525
On sait que mon courage ose tout entreprendre,
Que ma valeur peut tout, et que dessous les cieux,
Auprès de[23] mon honneur, rien ne m'est précieux.
Non, non, en ce combat, quoi que vous veuilliez[24] croire,
Rodrigue peut mourir sans hasarder[25] sa gloire, 1530
Sans qu'on l'ose accuser d'avoir manqué de cœur,
Sans passer pour vaincu, sans souffrir un vainqueur.
On dira seulement : « Il adorait Chimène ;
Il n'a pas voulu vivre et mériter sa haine ;
Il a cédé lui-même à la rigueur du sort 1535
Qui forçait sa maîtresse à poursuivre sa mort :
Elle voulait sa tête ; et son cœur magnanime,
S'il l'en eût refusée[26], eût pensé faire un crime.
Pour venger son honneur il perdit son amour,
Pour venger sa maîtresse[27] il a quitté le jour, 1540

15. **Sans rendre combat :** sans combattre.

16. **Qu'on te surmonte :** qu'on l'emporte sur toi.

17. **Inégalité :** inconstance.

18. **Ravale :** diminue.

19. **Vers 1518 :** n'as-tu du courage que lorsqu'il s'agit de m'offenser ?

20. **Tu souffres :** tu tolères, tu acceptes.

21. **Effets :** preuves.

22. **Dédaigner :** négliger, laisser de côté.

23. **Auprès de :** en comparaison de.

24. **Veuilliez ou veuillez :** formes du subjonctif présent du verbe *vouloir*.

25. **Hasarder :** mettre en danger.

26. **S'il l'en eût refusée :** s'il la (sa tête) lui avait refusée.

27. **Pour venger sa maîtresse :** pour que sa maîtresse soit vengée.

Préférant, quelque espoir qu'eût son âme asservie[28],
Son honneur à Chimène, et Chimène à sa vie. »
Ainsi donc vous verrez ma mort en ce combat,
Loin d'obscurcir ma gloire, en rehausser[29] l'éclat ;
1545 Et cet honneur suivra mon trépas volontaire
Que tout autre que moi n'eût pu vous satisfaire[30].

CHIMÈNE

Puisque, pour t'empêcher de courir au trépas,
Ta vie et ton honneur sont de faibles appas[31],
Si jamais je t'aimai[32], cher Rodrigue, en revanche[33],
1550 Défends-toi maintenant pour m'ôter à don Sanche ;
Combats pour m'affranchir d'une condition
Qui me donne à l'objet de mon aversion[34].
Te dirai-je encor plus ? va, songe à ta défense,
Pour forcer mon devoir[35], pour m'imposer silence ;
1555 Et si tu sens pour moi ton cœur encore épris[36],
Sors vainqueur d'un combat dont Chimène est le prix.
Adieu : ce mot lâché me fait rougir de honte.

DON RODRIGUE, *seul.*

Est-il quelque ennemi qu'à présent je ne dompte ?
Paraissez, Navarrais[37], Mores et Castillans[38],
1560 Et tout ce que l'Espagne a nourri de vaillants ;
Unissez-vous ensemble, et faites une armée,
Pour combattre une main de la sorte animée :
Joignez tous vos efforts contre un espoir si doux ;
Pour en venir à bout, c'est trop peu que de vous[39].

28. **Asservie :** esclave (de son amour pour Chimène).
29. **Rehausser :** augmenter.
30. **Vers 1545-1546 :** Ma mort volontaire m'apportera l'honneur d'avoir été le seul à vous donner satisfaction.
31. **Sont de faibles appas :** comptent peu.
32. **Si jamais je t'aimai :** puisqu'un jour je t'ai aimé.
33. **En revanche :** en retour.
34. **L'objet de mon aversion :** celui que je déteste (don Sanche).
35. **Forcer mon devoir :** l'emporter sur mon devoir.
36. **Épris :** amoureux.
37. **Navarrais :** habitants du royaume de Navarre.
38. **Castillans :** seigneurs de Castille qui s'opposent au roi Fernand.
39. **C'est trop peu que de vous :** vous n'êtes pas assez nombreux.

Pause lecture 13

Avez-vous bien lu ?

- Rodrigue vient annoncer à Chimène
  - ❑ **a.** qu'il va tout faire pour vaincre don Sanche.
  - ❑ **b.** qu'il ne se défendra pas au cours du duel.

Au fil du texte

1. Pourquoi l'honneur de Chimène se trouve-t-il menacé ?
2. Comment Rodrigue présente-t-il sa mort à Chimène ? Pourquoi lui parle-t-il en la vouvoyant ? Selon vous, est-il sincère ?
3. Comment Chimène réagit-elle aux propos de Rodrigue ? Commentez la ponctuation des vers 1471 à 1479.
4. Quelle différence y a-t-il entre le « supplice » et le « combat » (vers 1480) ? Précisez les arguments de Rodrigue dans les vers 1480 à 1500.
5. Comment Chimène résume-t-elle sa position dans les vers 1501-1502 ? Commentez les adjectifs qualificatifs et l'expression « malgré moi ».
6. Quel argument Chimène oppose-t-elle à Rodrigue dans les vers 1505 à 1522 ? Comment Rodrigue écarte-t-il cet argument dans les vers 1523 à 1546 ?
7. **Zoom sur les vers 1533 à 1542**

   a. Qui parle dans le passage entre guillemets ?

   b. Quel terme traduit les sentiments de Rodrigue envers Chimène ? A-t-il déjà été employé auparavant ? Par qui ?

   c. Qui est responsable de la situation des deux amants, d'après les vers 1535-1536 ?

   d. Comment sont construits les vers 1539-1540 ? Que souligne cette construction ?

   e. D'après les vers 1541-1542, quelle valeur guide la conduite de Rodrigue ? Commentez la place du mot « Chimène » dans le vers 1542.

8. Quel est le dernier argument de Chimène pour convaincre Rodrigue ? Pourquoi la fait-il « rougir de honte » (vers 1557) ?
9. Quels sentiments traduisent les derniers vers prononcés par Rodrigue ?

Pour conclure

10. Selon vous, Rodrigue est-il sans arrière-pensées quand il se présente chez Chimène ?
11. Qui sort vainqueur de la discussion entre les deux jeunes gens ?
12. Quelle valeur semble finalement triompher à la fin de cette scène ?

Vocabulaire L'expression des sentiments

a. Dans l'ensemble de la scène, relevez et classez les mots et expressions qui expriment des sentiments.

b. Donnez pour chacun sa classe grammaticale et le niveau de langue auquel il appartient.

c. En plus du lexique, quels autres moyens d'expression permettent de traduire des sentiments ? Donnez-en des exemples dans la scène étudiée.

Lecture à haute voix

- Par groupes de deux (un garçon et une fille si possible), apprenez par cœur les deux dernières répliques de la scène – vers 1547 à 1557 et 1558 à 1564 – et jouez-les devant vos camarades.
- Comparez vos interprétations en soulignant les points positifs de chacune.
- Rejouez le passage en tenant compte des remarques précédentes.

Scène 2

L'Infante

L'Infante
T'écouterai-je encor, respect de ma naissance[1], 1565
Qui fais un crime de mes feux ?
T'écouterai-je, amour, dont la douce puissance
Contre ce fier[2] tyran[3] fait révolter mes vœux[4] ?
Pauvre princesse, auquel des deux
Dois-tu prêter obéissance ? 1570
Rodrigue, ta valeur te rend digne de moi ;
Mais pour être vaillant[5], tu n'es pas fils de roi.

Impitoyable sort, dont la rigueur[6] sépare
Ma gloire d'avec mes désirs !
Est-il dit que le choix d'une vertu si rare[7] 1575
Coûte à ma passion de si grands déplaisirs ?
Ô cieux ! à combien de soupirs
Faut-il que mon cœur se prépare,
Si jamais il n'obtient sur un si long tourment
Ni d'éteindre l'amour, ni d'accepter l'amant ? 1580

Mais c'est trop de scrupule, et ma raison s'étonne
Du mépris d'un si digne choix :
Bien qu'aux monarques seuls ma naissance me donne,
Rodrigue, avec honneur je vivrai sous tes lois.
Après avoir vaincu deux rois, 1585
Pourrais-tu manquer de couronne ?
Et ce grand nom de Cid que tu viens de gagner
Ne fait-il pas trop voir sur qui tu dois régner ?

1. **Ma naissance :** mon statut de fille de roi.
2. **Fier :** cruel.
3. **Le « tyran »** désigne le « respect de la naissance », l'obligation d'épouser un roi.
4. **Mes vœux :** mes désirs.
5. **Pour être vaillant :** bien que tu sois vaillant.
6. **Rigueur :** dureté.
7. **Une vertu si rare** désigne Rodrigue.

Il est digne de moi, mais il est à Chimène ;
1590 Le don que j'en ai fait me nuit.
Entre eux la mort d'un père a si peu mis de haine,
Que le devoir du sang à regret le poursuit :
Ainsi n'espérons aucun fruit[8]
De son crime, ni de ma peine,
1595 Puisque pour me punir le destin a permis
Que l'amour dure même entre deux ennemis.

8. **Aucun fruit :** aucun avantage.

Ci-contre :
Le Cid, mise en scène de Fr. Huster, avec C. Reali, théâtre Marigny, janvier 1994.

Scène 3

L'INFANTE, LÉONOR

L'INFANTE
Où[1] viens-tu, Léonor ?

LÉONOR
Vous applaudir[2], Madame,
Sur le repos qu'enfin a retrouvé votre âme.

L'INFANTE
D'où viendrait ce repos dans un comble[3] d'ennui ?

LÉONOR
Si l'amour vit d'espoir, et s'il meurt avec lui, 1600
Rodrigue ne peut plus charmer votre courage[4].
Vous savez le combat où Chimène l'engage :
Puisqu'il faut qu'il y meure, ou qu'il soit son mari,
Votre espérance est morte, et votre esprit guéri.

L'INFANTE
Ah ! qu'il s'en faut encor[5] !

LÉONOR
Que pouvez-vous prétendre[6] ? 1605

L'INFANTE
Mais plutôt quel espoir me pourrais-tu défendre[7] ?
Si Rodrigue combat sous ces conditions,
Pour en rompre l'effet, j'ai trop d'inventions.
L'amour, ce doux auteur de mes cruels supplices,
Aux esprits des amants apprend trop d'artifices. 1610

1. **Où :** dans quel but ?
2. **Vous applaudir :** vous féliciter, partager votre satisfaction.
3. **Comble :** maximum.
4. **Votre courage :** votre cœur.
5. **Il s'en faut encore :** j'en suis encore loin.
6. **Prétendre :** espérer.
7. **Défendre :** interdire.

LÉONOR

Pourrez-vous quelque chose, après qu'un père mort
N'a pu dans leurs esprits allumer de discord[8] ?
Car Chimène aisément montre par sa conduite
Que la haine aujourd'hui ne fait pas[9] sa poursuite.
1615 Elle obtient un combat, et pour son combattant
C'est le premier offert qu'elle accepte à l'instant[10] :
Elle n'a point recours à ces mains généreuses
Que tant d'exploits fameux rendent si glorieuses ;
Don Sanche lui suffit, et mérite son choix,
1620 Parce qu'il va s'armer pour la première fois.
Elle aime en ce duel son peu d'expérience ;
Comme il est sans renom, elle est sans défiance ;
Et sa facilité[11] vous doit bien faire voir
Qu'elle cherche un combat qui force son devoir,
1625 Qui livre à son Rodrigue une victoire aisée,
Et l'autorise enfin à paraître apaisée.

L'INFANTE

Je le remarque assez, et toutefois mon cœur
À l'envi de[12] Chimène adore ce vainqueur.
À quoi me résoudrai-je, amante infortunée ?

LÉONOR

1630 À vous mieux souvenir de qui vous êtes née :
Le ciel vous doit un roi, vous aimez un sujet !

L'INFANTE

Mon inclination[13] a bien changé d'objet.
Je n'aime plus Rodrigue, un simple gentilhomme ;
Non, ce n'est plus ainsi que mon amour le nomme :
1635 Si j'aime, c'est l'auteur de tant de beaux exploits,

8. **Discord :** mésentente.
9. **Ne fait pas :** n'explique pas.
10. **À l'instant :** tout de suite.
11. **Sa facilité :** son peu d'exigence dans le choix du combattant.
12. **À l'envi de :** de la même manière que.
13. **Inclination :** penchant, attirance.

C'est le valeureux Cid, le maître de deux rois.
Je me vaincrai pourtant, non de peur d'aucun blâme,
Mais pour ne troubler pas une si belle flamme ;
Et quand[14] pour m'obliger[15] on l'aurait couronné,
Je ne veux point reprendre un bien que j'ai donné. 1640
Puisqu'en un tel combat sa victoire est certaine,
Allons encore un coup le donner à Chimène.
Et toi, qui vois les traits[16] dont mon cœur est percé,
Viens me voir achever[17] comme j'ai commencé.

14. **Vers 1639 :** même si on l'avait couronné.

15. **M'obliger :** me faire plaisir.

16. **Traits :** flèches de l'amour.

17. **Achever :** finir.

Ci-contre :
Le Cid, mise en scène de B. Jaques-Wajeman, avec C. Salviat (Léonor), L. Simaga (l'infante), Comédie-Française, 2006.

Scène 4

CHIMÈNE, ELVIRE

CHIMÈNE

1645 Elvire, que je souffre, et que je suis à plaindre !
Je ne sais qu'espérer, et je vois tout à craindre ;
Aucun vœu ne m'échappe où[1] j'ose consentir ;
Je ne souhaite rien sans un prompt repentir.
À deux rivaux pour moi je fais prendre les armes :
1650 Le plus heureux succès[2] me coûtera des larmes ;
Et quoi qu'en ma faveur en ordonne le sort,
Mon père est sans vengeance, ou mon amant est mort.

ELVIRE

D'un et d'autre côté, je vous vois soulagée :
Ou vous avez Rodrigue, ou vous êtes vengée ;
1655 Et quoi que le destin puisse ordonner de vous,
Il soutient votre gloire, et vous donne un époux.

CHIMÈNE

Quoi ! l'objet de ma haine ou de tant de colère !
L'assassin de Rodrigue, ou celui de mon père !
De tous les deux côtés on me donne un mari
1660 Encor tout teint du sang que j'ai le plus chéri[3] ;
De tous les deux côtés mon âme se rebelle :
Je crains plus que la mort la fin de ma querelle[4].
Allez, vengeance, amour, qui troublez mes esprits,
Vous n'avez point pour moi de douceurs à ce prix ;
1665 Et toi, puissant moteur du destin qui m'outrage,
Termine ce combat sans aucun avantage,
Sans faire aucun des deux ni vaincu ni vainqueur.

1. **Où :** auquel.
2. **Succès :** issue (favorable ou non).
3. **Chéri :** aimé.
4. **Querelle :** poursuite en justice.

ELVIRE
Ce serait vous traiter avec trop de rigueur.
Ce combat pour votre âme est un nouveau supplice,
S'il vous laisse obligée à demander justice, 1670
À témoigner toujours ce haut ressentiment,
Et poursuivre toujours la mort de votre amant.
Madame, il vaut bien mieux que sa rare vaillance,
Lui couronnant le front, vous impose silence ;
Que la loi du combat étouffe vos soupirs, 1675
Et que le Roi vous force à suivre vos désirs.

CHIMÈNE
Quand il sera vainqueur, crois-tu que je me rende ?
Mon devoir est trop fort, et ma perte[5] trop grande ;
Et ce n'est pas assez pour leur faire la loi[6],
Que celle du combat et le vouloir du Roi. 1680
Il peut vaincre don Sanche avec fort peu de peine,
Mais non pas avec lui la gloire de Chimène ;
Et quoi qu'à sa victoire un monarque ait promis,
Mon honneur lui fera mille autres ennemis.

ELVIRE
Gardez[7], pour vous punir de cet orgueil étrange, 1685
Que le ciel à la fin ne souffre qu'on vous venge.
Quoi ! vous voulez encor refuser le bonheur
De pouvoir maintenant vous taire avec honneur ?
Que prétend ce devoir, et qu'est-ce qu'il espère ?
La mort de votre amant vous rendra-t-elle un père ? 1690
Est-ce trop peu pour vous que d'un coup de malheur ?
Faut-il perte sur perte, et douleur sur douleur ?
Allez, dans le caprice[8] où votre humeur s'obstine,
Vous ne méritez pas l'amant qu'on vous destine ;

5. **Ma perte :** la perte de mon père.
6. **Leur faire la loi :** me les faire oublier.
7. **Gardez :** prenez garde.
8. **Caprice :** attitude déraisonnable.

1695 Et nous verrons du ciel l'équitable courroux[9]
Vous laisser, par sa mort, don Sanche pour époux.

CHIMÈNE

Elvire, c'est assez des peines que j'endure,
Ne les redouble point de ce funeste augure[10].
Je veux, si je le puis, les éviter tous deux ;
1700 Sinon, en ce combat Rodrigue a tous mes vœux :
Non qu'une folle ardeur de son côté me penche ;
Mais, s'il était vaincu, je serais à don Sanche :
Cette appréhension fait naître mon souhait.
Que vois-je, malheureuse ? Elvire, c'en est fait.

9. **Courroux :** colère.
10. **Augure :** prédiction.

Ci-contre :
Le Cid, mise en scène de J.-Ph. Daguerre, avec M. Gilbert (Chimène), S. Raynaud (Elvire), Compagnie Le Grenier de Babouchka, théâtre Michel, février 2016.

Scène 5

DON SANCHE, CHIMÈNE, ELVIRE

DON SANCHE
Obligé d'apporter à vos pieds cette épée... 1705

CHIMÈNE
Quoi ? du sang de Rodrigue encor toute trempée ?
Perfide, oses-tu bien te montrer à mes yeux,
Après m'avoir ôté ce que j'aimais le mieux ?
Éclate, mon amour, tu n'as plus rien à craindre :
Mon père est satisfait, cesse de te contraindre. 1710
Un même coup a mis ma gloire en sûreté,
Mon âme au désespoir, ma flamme en liberté.

DON SANCHE
D'un esprit plus rassis[1]...

CHIMÈNE
Tu me parles encore,
Exécrable assassin d'un héros que j'adore ?
Va, tu l'as pris en traître ; un guerrier si vaillant 1715
N'eût jamais succombé sous un tel assaillant.
N'espère rien de moi, tu ne m'as point servie :
En croyant me venger, tu m'as ôté la vie.

DON SANCHE
Étrange impression[2], qui, loin de m'écouter...

CHIMÈNE
Veux-tu que de sa mort je t'écoute vanter, 1720
Que j'entende à loisir avec quelle insolence
Tu peindras son malheur, mon crime et ta vaillance ?

1. **Rassis :** apaisé, tranquille.
2. **Impression :** réaction.

Pause lecture 14 ACTE V ◆ scènes 2 à 5

Avez-vous bien lu ?

Si Rodrigue remporte le duel contre don Sanche,
- l'Infante a décidé : ❑ **a.** de l'épouser. ❑ **b.** de renoncer à lui.
- Chimène a décidé : ❑ **a.** de continuer à le poursuivre. ❑ **b.** de l'épouser.

Au fil du texte

Scènes 2 et 3

1. Quel dilemme l'Infante expose-t-elle dans les deux premières strophes ? Comment explique-t-elle sa décision finale ?
2. Comparez la fin de la scène 2 et celle de la scène 3 : comment l'Infante justifie-t-elle sa décision finale ? Quelles vertus cette décision révèle-t-elle ?

Scènes 4 et 5

3. Quelle réaction suscite chez Chimène l'évocation de « l'époux » que va lui donner « le destin » ? Cette réaction vous semble-t-elle normale ?
4. Quel souhait Chimène adresse-t-elle au destin dans les vers 1664 à 1667 ? Cette issue serait-elle conforme à ce que Chimène a demandé officiellement au Roi ?
5. Résumez le raisonnement d'Elvire dans les vers 1668 à 1676.

6. **Zoom sur les vers 1677 à 1684**

a. Chimène se prépare-t-elle à respecter les termes du contrat qu'elle a elle-même passé devant le Roi ?

b. Quelle valeur place-t-elle au-dessus de toutes les autres dans cette réplique ?

7 En quoi les paroles de Chimène sont-elles particulièrement cruelles pour don Sanche ?

Pour conclure

8 Quelle image de l'amour l'Infante donne-t-elle ? Cette image est-elle différente de celle que révèle le couple Chimène-Rodrigue ?

Vocabulaire Variations de sens

a. Rappelez le sens de *obliger* au vers 1639, puis utilisez ce verbe dans une phrase où il aura un sens différent.

b. Cherchez l'étymologie du mot *caprice*. Comparez le sens du mot dans le texte de Corneille (vers 1693) avec son sens actuel : lequel est le plus fort ?

Lecture à haute voix

- Combien de syllabes doit comporter le mot *passion* (v. 1576) ? Comment appelle-t-on ce phénomène ?
- Repérez-le des vers 1611 à 1626.

Écriture

Avant l'arrivée de don Sanche, Chimène se retire pour écrire à une amie. Elle lui expose ses souffrances, résume les arguments de sa suivante, et lui fait part de ses souhaits concernant l'issue du duel. Rédigez cette lettre en une trentaine de lignes.

Scène 6

DON FERNAND, DON DIÈGUE, DON ARIAS, DON SANCHE, DON ALONSE, CHIMÈNE, ELVIRE

CHIMÈNE

Sire, il n'est plus besoin de vous dissimuler
Ce que tous mes efforts ne vous ont pu celer[1].
1725 J'aimais, vous l'avez su ; mais, pour venger mon père,
J'ai bien voulu proscrire[2] une tête si chère :
Votre Majesté, Sire, elle-même a pu voir
Comme[3] j'ai fait céder mon amour au devoir.
Enfin Rodrigue est mort, et sa mort m'a changée
1730 D'implacable ennemie en amante affligée.
J'ai dû cette vengeance à qui m'a mise au jour,
Et je dois maintenant ces pleurs à mon amour.
Don Sanche m'a perdue en prenant ma défense,
Et du bras qui me perd je suis la récompense !
1735 Sire, si la pitié peut émouvoir un roi,
De grâce, révoquez une si dure loi ;
Pour prix d'une victoire où je perds ce que j'aime,
Je lui laisse mon bien[4] ; qu'il me laisse à moi-même ;
Qu'en un cloître sacré[5] je pleure incessamment[6],
1740 Jusqu'au dernier soupir, mon père et mon amant.

DON DIÈGUE

Enfin elle aime, Sire, et ne croit plus un crime
D'avouer par sa bouche un amour légitime.

DON FERNAND

Chimène, sors d'erreur, ton amant n'est pas mort,
Et don Sanche vaincu t'a fait un faux rapport.

Duel « à mort », duel « au premier sang »

Les duels ne se terminaient pas nécessairement par la mort d'un des combattants. Ceux-ci pouvaient convenir de cesser le combat « au premier sang ». Rodrigue cesse même de combattre dès qu'il a désarmé son adversaire. Il ramasse lui-même l'épée de don Sanche pour qu'il la porte à Chimène. Cette élégance s'oppose à l'arrogance du Comte, qui, à la fin de l'acte I, a refusé de prendre l'épée de don Diègue tombée au sol.

1. **Celer :** cacher.
2. **Proscrire :** mettre à prix pour faire périr.
3. **Comme :** comment.
4. **Mon bien** : ma fortune.
5. **En un cloître sacré :** dans un couvent.
6. **Incessamment :** sans cesse.

DON SANCHE

Sire, un peu trop d'ardeur malgré moi[7] l'a déçue[8] : 1745
Je venais du combat lui raconter l'issue.
Ce généreux guerrier, dont son cœur est charmé :
« Ne crains rien, m'a-t-il dit, quand il m'a désarmé ;
Je laisserais plutôt la victoire incertaine,
Que de répandre un sang hasardé[9] pour Chimène ; 1750
Mais puisque mon devoir m'appelle auprès du Roi,
Va de notre combat l'entretenir pour moi[10],
De la part du vainqueur lui porter ton épée. »
Sire, j'y suis venu : cet objet l'a trompée ;
Elle m'a cru vainqueur, me voyant de retour, 1755
Et soudain sa colère a trahi son amour
Avec tant de transport et tant d'impatience,
Que je n'ai pu gagner un moment d'audience[11].
Pour moi, bien que vaincu, je me répute[12] heureux ;
Et malgré l'intérêt de mon cœur amoureux, 1760
Perdant infiniment, j'aime encor ma défaite,
Qui fait le beau succès d'une amour[13] si parfaite.

DON FERNAND

Ma fille, il ne faut point rougir d'un si beau feu,
Ni chercher les moyens d'en faire un désaveu[14].
Une louable honte en vain t'en sollicite[15] : 1765
Ta gloire est dégagée[16], et ton devoir est quitte[17] ;
Ton père est satisfait, et c'était le venger
Que mettre tant de fois ton Rodrigue en danger.
Tu vois comme le Ciel[18] autrement en dispose[19].
Ayant tant fait pour lui[20], fais pour toi quelque chose, 1770
Et ne sois point rebelle à mon commandement,
Qui te donne un époux aimé si chèrement.

7. **Malgré moi :** sans que je n'y puisse rien.
8. **Déçue :** trompée.
9. **Hasardé :** risqué.
10. **Vers 1752 :** Va à ma place lui raconter notre combat.
11. **Audience :** écoute attentive.
12. **Je me répute :** je m'estime.
13. **Amour** pouvait être masculin ou féminin au XVIIe siècle.
14. **En faire un désaveu :** de le nier.
15. **T'en sollicite :** t'y pousse.
16. **Dégagée :** hors de danger.
17. **Est quitte :** n'exige rien de plus.
18. **Le Ciel :** Dieu (qu'il était interdit de nommer sur scène).
19. **En dispose :** en décide.
20. **Pour lui :** pour ton père.

Scène 7

DON FERNAND, DON DIÈGUE, DON ARIAS, DON RODRIGUE,
DON ALONSE, DON SANCHE, L'INFANTE, CHIMÈNE, LÉONOR, ELVIRE

L'INFANTE
Sèche tes pleurs, Chimène, et reçois sans tristesse
Ce généreux vainqueur des mains de ta princesse.

DON RODRIGUE
1775 Ne vous offensez point, Sire, si devant vous
Un respect amoureux me jette à ses genoux.
Je ne viens point ici demander ma conquête :
Je viens tout de nouveau vous apporter ma tête,
Madame ; mon amour n'emploiera point pour moi
1780 Ni la loi du combat, ni le vouloir du Roi.
Si tout ce qui s'est fait est trop peu pour un père,
Dites par quels moyens il vous faut satisfaire.
Faut-il combattre encor mille et mille rivaux,
Aux deux bouts de la terre étendre mes travaux[1],
1785 Forcer moi seul un camp, mettre en fuite une armée,
Des héros fabuleux passer[2] la renommée ?
Si mon crime par là se peut enfin laver,
J'ose tout entreprendre, et puis tout achever ;
Mais si ce fier honneur, toujours inexorable,
1790 Ne se peut apaiser sans la mort du coupable,
N'armez plus contre moi le pouvoir des humains :
Ma tête est à vos pieds, vengez-vous par vos mains ;
Vos mains seules ont droit de vaincre un invincible ;
Prenez une vengeance à tout autre impossible.
1795 Mais du moins que ma mort suffise à me punir :
Ne me bannissez[3] point de votre souvenir ;

Les héros « fabuleux »

Les « héros fabuleux » sont des personnages de la mythologie, honorés comme des demi-dieux du fait de leur naissance en partie divine, et de leurs exploits hors du commun. Les plus célèbres sont Thésée, Jason, Achille, et bien sûr Héraclès-Hercule et ses douze « travaux », auquel Rodrigue fait probablement allusion.

1. **Mes travaux :** mes conquêtes guerrières.
2. **Passer :** dépasser.
3. **Bannissez :** chassez.

Et puisque mon trépas conserve votre gloire,
Pour vous en revancher[4] conservez ma mémoire,
Et dites quelquefois, en déplorant mon sort :
« S'il ne m'avait aimée, il ne serait pas mort. » 1800

CHIMÈNE

Relève-toi, Rodrigue. Il faut l'avouer, Sire,
Je vous en ai trop dit pour m'en pouvoir dédire[5].
Rodrigue a des vertus que je ne puis haïr ;
Et quand un roi commande, on lui doit obéir.
Mais à quoi que déjà vous m'ayez condamnée, 1805
Pourrez-vous à vos yeux souffrir cet hyménée[6] ?
Et quand de mon devoir vous voulez cet effort,
Toute votre justice en est-elle d'accord ?
Si Rodrigue à l'État devient si nécessaire,
De ce qu'il fait pour vous dois-je être le salaire, 1810
Et me livrer moi-même au reproche éternel
D'avoir trempé mes mains dans le sang paternel ?

DON FERNAND

Le temps assez souvent a rendu légitime
Ce qui semblait d'abord ne se pouvoir sans crime :
Rodrigue t'a gagnée, et tu dois être à lui. 1815
Mais quoique sa valeur t'ait conquise aujourd'hui,
Il faudrait que je fusse ennemi de ta gloire,
Pour lui donner sitôt[7] le prix de sa victoire.
Cet hymen différé[8] ne rompt point une loi
Qui, sans marquer de temps[9], lui destine ta foi[10]. 1820
Prends un an, si tu veux, pour essuyer tes larmes.
Rodrigue, cependant[11] il faut prendre les armes.
Après avoir vaincu les Mores sur nos bords,
Renversé leurs desseins, repoussé leurs efforts,

4. **Pour vous en revancher :** pour compenser ma mort.
5. **M'en dédire :** dire le contraire.
6. **Hyménée** : mariage.
7. **Sitôt :** si vite, aussitôt.
8. **Différé :** repoussé à plus tard.
9. **Sans marquer de temps :** sans préciser à quel moment.
10. **Lui destine ta foi :** assure qu'il t'épousera.
11. **Cependant :** pendant ce temps.

1825 Va jusqu'en leur pays leur reporter la guerre,
Commander mon armée, et ravager leur terre :
À ce nom seul de Cid ils trembleront d'effroi ;
Ils t'ont nommé seigneur, et te voudront pour roi.
Mais parmi tes hauts faits sois-lui toujours fidèle :
1830 Reviens-en, s'il se peut, encor plus digne d'elle ;
Et par tes grands exploits fais-toi si bien priser[12],
Qu'il lui soit glorieux alors de t'épouser.

DON RODRIGUE

Pour posséder Chimène, et pour votre service,
Que peut-on m'ordonner que mon bras n'accomplisse ?
1835 Quoi qu'absent de ses yeux il me faille endurer[13],
Sire, ce m'est trop d'heur[14] de pouvoir espérer.

DON FERNAND

Espère en ton courage, espère en ma promesse ;
Et possédant déjà le cœur de ta maîtresse,
Pour vaincre un point d'honneur qui combat contre toi,
1840 Laisse faire le temps, ta vaillance et ton roi.

12. **Priser :** apprécier.
13. **Vers 1835 :** quelles que soient mes épreuves quand je serai loin d'elle.
14. **Heur :** bonheur.

Avez-vous bien lu ?

- À la fin de la pièce, le Roi décide :
  - ❑ **a.** de marier Rodrigue et Chimène sur-le-champ.
  - ❑ **b.** d'envoyer Rodrigue faire la guerre.

Au fil du texte

Scène 6

1. Que demande Chimène au Roi dans sa première réplique ?
2. L'annonce que Rodrigue est vivant est-elle une surprise pour le spectateur ? Pourquoi ?
3. Comment le combat entre don Sanche et Rodrigue s'est-il déroulé ?
4. Pourquoi, selon vous, la pièce ne s'arrête-t-elle pas à la fin de la scène 6 ?

Scène 7

5. Que fait Rodrigue dans les vers 1779-1780 ? Quelle valeur choisit-il de défendre avant tout ?
6. Quelles propositions fait-il à Chimène dans la suite de sa tirade (vers 1781 à 1794) ?
7. Pourquoi Chimène suggère-t-elle, aux vers 1805 à 1808, que son mariage avec Rodrigue serait contraire à la décence et à la justice ?
8. Comment le Roi décide-t-il de contourner ces deux obstacles ? Quels avantages cette solution présente-t-elle ?
9. Commentez le dernier vers de la scène : comment souligne-t-il la sagesse du Roi et son pouvoir ?

Pour conclure

10 Le dénouement est-il heureux ? Est-il conforme aux bienséances ?

11 Ce dénouement est-il définitif ? Que pourrait-il arriver ?

Vocabulaire Infiniment et incessamment

a. Sur quels adjectifs les mots *incessamment* (vers 1739) et *infiniment* (vers 1761) sont-ils construits ?

b. À quelle classe grammaticale appartiennent-ils ? Justifiez l'orthographe de leur suffixe.

c. Employez le mot *incessamment* dans une phrase où il aura son sens actuel.

Écriture

Une année est passée. Rodrigue se retrouve en présence des mêmes personnages qu'à la scène 7. Ils l'interrogent sur ce qu'il a fait et il leur raconte ses exploits.

Rédigez cette scène, en prose ou en vers.

Exposé

Le duel d'honneur en France

Documentez-vous sur la pratique du duel sous l'Ancien Régime (causes, déclenchement, participants, règles et modalités, issues du combat, suites judiciaires, etc.).

Présentez vos résultats sous la forme d'un dossier numérique, puis exposez-les oralement à votre classe.

Retour sur...

I L'action

1. Quelle action est au centre des préoccupations des personnages ? Où se déroule-t-elle ?
2. Combien de combats Rodrigue a-t-il menés au cours de la pièce ?

II Les personnages

3. Quelles différences sont perceptibles entre les protagonistes* féminines et leurs suivantes ? Comment les expliqueriez-vous ?
4. De quelles qualités don Sanche et don Rodrigue font-ils preuve l'un vis-à-vis de l'autre ? Et vis-à-vis de Chimène ?
5. Quelle image du Roi se dégage de cet acte ?

III Les valeurs

6. Quelles valeurs triomphent à la fin de la pièce ?
7. Comment le conflit des valeurs a-t-il été surmonté par chacun des personnages ?

IV Le genre

8. Le dénouement est-il heureux ?
9. Les spectateurs éprouvent-ils de la *terreur* et de la *pitié* pour les personnages ?
10. Quels autres sentiments avez-vous ressentis pour les différents personnages ?

Exposé

Le vrai Cid a-t-il épousé Chimène ?

Faites des recherches et exposez vos résultats sous la forme d'un dossier numérique.

Le dossier du collégien

› Testez votre lecture 150
› L'œuvre en un coup d'œil 152
› Genre Le théâtre, la tragi-comédie, la tragédie 154
› Thème Sentiments, caractères et valeurs 157
› Groupement de textes Le duel 160
› Vers le BREVET 166
› Lecture d'images 168
› Outils de lecture 170
› Lexique Les mots du théâtre 172
› À lire, à voir 174

Testez votre lecture

1 Retissez les liens

Reliez les noms des personnages aux caractéristiques correspondantes, que vous complèterez.

1. Chimène •	• **a.** Père de ....
2. Don Diègue •	• **b.** Amant de ....
3. Don Fernand •	• **c.** Fille de ....
4. Elvire •	• **d.** Amoureux de ....
5. Don Rodrigue •	• **e.** Gouvernante de ....
6. L'Infante •	• **f.** Roi de ....
7. Léonor •	• **g.** Amoureuse de ....
8. Don Sanche •	• **h.** Gouvernante de ....

2 Vrai ou faux

Cochez la bonne case.	**VRAI**	**FAUX**
1. Chimène désire épouser Don Sanche.	❑	❑
2. Don Diègue a été choisi comme gouverneur du prince de Castille.	❑	❑
3. L'Infante est amoureuse de Rodrigue.	❑	❑
4. Le Comte de Gormas a été tué en duel par Don Diègue.	❑	❑
5. Les Mores ont tenté de s'emparer de Séville.	❑	❑
6. Le Roi a donné à Rodrigue le titre de Cid.	❑	❑
7. *Le Cid* est une pièce romantique.	❑	❑
8. Corneille est un auteur du XVIIIe siècle.	❑	❑

3 CONCOURS

Complétez de mémoire les vers suivants, par équipes de deux et le plus rapidement possible.

A

DON DIÈGUE
Rodrigue, as-tu du **…** ?
DON RODRIGUE
Tout autre que **…** **…**
L'éprouverait sur l'heure.
(I,5)

C

DON RODRIGUE
Ton bras est **…**, mais non pas **…**
(II,2)

D

CHIMÈNE
Va, je ne te **…** point.
(II,2)

DON DIÈGUE
Je vais les déplorer : va, vole, cours et nous **…** .
(I,5)

E

DON RODRIGUE
Cette **…** clarté qui tombe des étoiles
Enfin avec le flux nous fait voir trente **…** .
(IV, 3)

4 *Anagrammes*

Quels personnages se cachent derrière ces suites de lettres ?

1. EEILRV – **2.** DEIGRROU – **3.** DDEEGINOU – **4.** CEEHIMN – **5.** ADDEFNNNOR – **6.** ACDEHNNOS.

L'œuvre en un coup d'œil

Scènes	Personnages	Actions
		ACTE I
Scène 1	**Chimène, Elvire**	Chimène apprend que son père, le Comte, veut la marier à Rodrigue.
Scène 2	**L'infante, Léonor, le Page**	L'Infante avoue à Léonor son amour impossible pour Rodrigue.
Scène 3	**Le Comte, Don Diègue**	Le Roi don Fernand a confié à don Diègue l'éducation de son fils, le prince. Par jalousie, le Comte gifle don Diègue.
Scène 4	**Don Diègue**	Don Diègue exprime sa rage et son désespoir.
Scène 5	**Don Diègue, Rodrigue**	Don Diègue demande à son fils de le venger.
Scène 6	**Rodrigue**	Déchiré, Rodrigue finit par choisir le devoir contre l'amour.
		ACTE II
Scène 1	**Don Arias, le Comte**	Le Comte refuse de présenter ses excuses à don Diègue.
Scène 2	**Rodrigue, le Comte**	Rodrigue provoque le Comte en duel.
Scène 3	**L'Infante, Chimène, Léonor**	Chimène est bouleversée. L'Infante veut faire arrêter Rodrigue.
Scène 4	**L'Infante, Chimène, Léonor, le Page**	Chimène se précipite à la poursuite du Comte et de Rodrigue.
Scène 5	**L'Infante, Léonor**	L'Infante espère pouvoir épouser Rodrigue ; Léonor l'en dissuade.
Scène 6	**Don Fernand, Don Arias, Don Sanche**	Le Roi décide de punir le Comte. Il annonce aussi l'approche de l'ennemi (les Maures).
Scène 7	**Don Fernand, Don Sanche, Don Alonse**	Don Alonse annonce au roi la mort du Comte, tué en duel par Rodrigue.
Scène 8	**Don Fernand, Don Diègue, Chimène, Don Sanche, Don Arias, Don Alonse**	Chimène demande justice contre Rodrigue. Don Diègue défend son fils. Le Roi demande l'arrestation de Rodrigue.
		ACTE III
Scène 1	**Rodrigue, Elvire**	Rodrigue cherche à voir Chimène. Elvire l'en dissuade. Rodrigue se cache.
Scène 2	**Don Sanche, Chimène, Elvire**	Don Sanche, pour venger Chimène, veut provoquer Rodrigue en duel. Chimène refuse.
Scène 3	**Chimène, Elvire**	Chimène aime toujours Rodrigue, mais veut venger son père.

Scène 4	Rodrigue, Chimène, Elvire	Rodrigue sort de sa cachette et supplie Chimène de le tuer. Elle refuse.
Scène 5	Don Diègue	Don Diègue craint pour la vie de son fils.
Scène 6	Don Diègue, Rodrigue	Don Diègue retrouve Rodrigue. Il le convainc d'aller combattre les Maures.
		ACTE IV
Scène 1	Chimène, Elvire	Rodrigue a vaincu les Maures. Il est devenu un héros.
Scène 2	L'Infante, Chimène, Léonor, Elvire	L'Infante incite Chimène à renoncer à poursuivre Rodrigue. Chimène refuse.
Scène 3	Don Fernand, Don Diègue, Don Arias, Rodrigue, Don Sanche	Rodrigue, devenu le « Cid » (seigneur), fait le récit de son exploit.
Scène 4	Don Fernand, Don Diègue, Don Arias, Rodrigue, Don Sanche, Don Alonse	À l'annonce de l'arrivée de Chimène, le Roi fait sortir Rodrigue.
Scène 5	Don Fernand, Don Diègue, Don Arias, Don Sanche, Don Alonse, Chimène, Elvire	Chimène réclame un duel et décide d'accorder sa main au vainqueur. Don Sanche relève le défi.
		ACTE V
Scène 1	Rodrigue, Chimène	Rodrigue vient faire ses adieux à Chimène ; mais Chimène l'aime encore, et il repart plein de courage.
Scène 2	L'Infante	L'Infante, toujours amoureuse de Rodrigue, exprime ses souffrances.
Scène 3	L'Infante, Léonor	Léonor convainc l'Infante de lutter contre sa passion.
Scène 4	Chimène, Elvire	L'issue du duel entre Rodrigue et don Sanche inquiète Chimène.
Scène 5	Don Sanche, Chimène, Elvire	Chimène, persuadée de la mort de Rodrigue, accable don Sanche de reproches.
Scène 6	Don Fernand, Don Diègue, Don Arias,	Le Roi ordonne à Chimène d'épouser Rodrigue.
Scène 7	Don Fernand, Don Diègue, Don Arias, Rodrigue, Don Alonse, Don Sanche, l'Infante, Chimène, Léonor, Elvire	Le Roi propose aux amoureux de laisser passer un an avant de se marier.

Genre Le théâtre, la tragi-comédie, la tragédie

Comédie et tragédie sont les deux genres théâtraux qui dominent au XVIIe siècle. Molière est le représentant emblématique de la comédie, Corneille et Racine sont les maîtres de la tragédie. Celle-ci a des origines antiques, et au cours du XVIIe siècle, elle évolue.

Les caractéristiques du texte de théâtre

- Le texte de théâtre est destiné à la **représentation par des acteurs face à un public**.
- Divisé en actes et en scènes, il est constitué de **didascalies** et de **répliques.**
  - Les **didascalies**, peu nombreuses au XVIIe siècle, sont écrites en italique et donnent des **informations sur les événements ou des indications de jeux de scène** (par exemple : *Il lui donne un soufflet* ou *mettant l'épée à la main*, I, 3).
  - Les **répliques**, prononcées sur scène par les acteurs, ont un **double destinataire** : les personnages s'adressent les uns aux autres, mais à travers leurs propos l'auteur raconte une histoire aux spectateurs. Par exemple, la première conversation entre Elvire et Chimène nous apprend que Chimène aime Rodrigue et en est aimée. Les répliques prennent des formes variées : dialogues, tirades, monologues.

> « *L'auteur raconte une histoire aux spectateurs.* »

- Les propos des personnages nous font comprendre leur **psychologie**, leur **vision du monde**, les **rapports** qui les unissent ou les opposent. Ainsi, la scène de dispute entre don Gormas et don Diègue (acte I, scène 3) révèle le caractère emporté du Comte, sa jalousie, son arrogance aristocratique.

Le théâtre dans l'Antiquité

- À Athènes, dans l'Antiquité, les représentations théâtrales faisaient partie d'un **culte religieux**, celui de **Dionysos**, dieu de la vigne, de l'ivresse et du théâtre. Lors des cérémonies, un **cortège** joyeux chantait le *comos*, d'où dérive le mot comédie, et on lui sacrifiait un bouc (*tragos* en grec, origine du mot *tragédie*).

◆ Des concours de théâtre avaient lieu ensuite. On représentait des pièces sérieuses ou divertissantes. **Aristophane**, en Grèce, et plus tard **Plaute** à Rome, sont les auteurs marquants de comédies qui inspireront Molière. **Eschyle, Sophocle** et **Euripide** sont les créateurs du genre tragique. C'est un philosophe grec, **Aristote**, qui a décrit et **fixé les règles** des genres comiques et tragiques ; les critiques du XVIIe siècle en France se serviront de ces règles pour juger les pièces de leur temps.

Au début du XVIIe siècle : tragi-comédie et goût baroque

◆ Au début du XVIIe siècle, en France et dans toute l'Europe, c'est le **baroque** qui domine. On appelle baroques des œuvres **pleines d'invention, d'imagination, peu réalistes**. Au théâtre, la **tragi-comédie** règne avec des personnages nobles, des intrigues multiples, des duels, des emprisonnements, des naufrages et des dénouements heureux. Des personnages ou événements merveilleux peuvent intervenir. Lieux et décors sont multiples, la durée de l'action est variable, les tons comiques ou tragiques alternent au fil des scènes. On qualifie ce théâtre d'**irrégulier**.

« Le Cid, *une tragi-comédie ?* »

◆ ***Le Cid* serait-il une tragi-comédie ?** En 1637, Corneille donne à sa pièce le sous-titre de tragi-comédie. En effet, on y retrouve quelques caractéristiques du théâtre baroque : un héros infatigable qui multiplie les combats (deux duels et une nuit à repousser les Maures), une intrigue secondaire (l'amour de l'Infante pour Rodrigue), des rebondissements (le soufflet, la mort du Comte, les quiproquos ou les ruses sur la fausse mort de Rodrigue, l'évanouissement de Chimène), et un dénouement qui n'est pas malheureux.

Tragédie et goût classique

◆ À partir de 1630 les goûts évoluent, on apprécie de plus en plus dans l'art le **classicisme**, c'est-à-dire la simplicité, la symétrie, l'unité d'ensemble, l'équilibre et la raison. Les critiques (qu'on appelle les« doctes » ou savants), prenant pour modèle le théâtre antique et suivant les principes d'Aristote, élaborent une série de règles, autour de deux impératifs : la **vraisemblance** et la **bienséance**.

- Au nom de la **vraisemblance**, la pièce doit respecter l'**unité de lieu** (un seul décor), l'**unité de temps** (24 heures), l'**unité d'action** (une seule intrigue), et raconter des événements crédibles.
- Au nom de la **bienséance, aucune violence** ne peut être montrée sur scène, les personnages, toujours de **haut rang**, doivent s'exprimer dans une **langue soutenue**, que souligne le recours à l'alexandrin.

◆ Plus question de mélanger les tons, comédie et tragédie sont nettement séparées. La tragédie placera les personnages face à des dilemmes insurmontables et se terminera dans le malheur ou par la **mort** d'un personnage.

◆ ***Le Cid* est-il une tragédie classique ?**

« *La querelle du* Cid »

Dès 1637 se déclenche ce qu'on appelle la querelle du *Cid* : alors que la pièce triomphe, les « doctes » la critiquent au nom des règles de la tragédie classique. La multiplicité des lieux et des péripéties, le caractère romanesque des situations et des personnages, les coups de théâtre, l'intervention finale d'un Roi qui donne satisfaction à tous ne sont pas conformes à l'idéal de la tragédie classique.

◆ Corneille soutient toutefois que sa pièce ne désobéit pas aux règles : le lieu unique est Séville ; le Roi ordonne des heures de repos à Rodrigue, ce qui rend possible le deuxième duel ; l'Infante n'est pas inutile, son amour sert à grandir Rodrigue. Enfin, le mariage de Chimène avec Rodrigue, malgré la mort du Comte, est un fait « historique ». Dès 1648, Corneille donne à sa pièce le sous-titre de tragédie.

◆ Malgré les critiques des doctes, la pièce a toujours connu le succès auprès du public. De nos jours, *Le Cid* est encore une des pièces classiques les plus jouées.

Sentiments, caractères et valeurs

Dans une pièce de théâtre, les personnages agissent en fonction de leurs sentiments, de leur caractère et des valeurs auxquelles ils croient.

Les sentiments

On appelle **sentiments** ce que les personnages éprouvent les uns pour les autres.

- Dans *Le Cid*, les sentiments familiaux unissent les pères à leurs enfants. L'**amour paternel** explique l'angoisse de don Diègue quand il ne trouve pas son fils. Après les exploits de Rodrigue, son père est plein de **fierté**. Les enfants éprouvent de l'**amour filial** et du **respect** pour leurs pères.
- Le Comte exprime de la **jalousie** après la nomination de don Diègue, puis du **mépris** quand il voit le vieillard à terre et désarmé. Informé de l'offense, Rodrigue éprouve une violente **indignation**.

« *Amour, passion et jalousie* »

- Le sentiment dominant chez les jeunes gens est l'**amour**, que traduisent les métaphores de la flamme et des feux. Au début de la pièce, cet amour partagé et approuvé par le Comte procure un moment de **joie** à Chimène.
- En revanche, l'Infante vit son amour comme une **souffrance**, une **passion** malheureuse. Il en va de même pour don Sanche, dont l'amour n'est pas partagé. Il s'attire même à un moment la **haine** de Chimène.

Les valeurs

Les **valeurs** sont les principes qui guident les personnages : le Bien, le Vrai, le Juste, le Beau.

- Les personnages du *Cid* considèrent tous l'**honneur** personnel et familial comme une valeur. Le terme désigne à la fois leur réputation dans la société et la haute idée qu'ils se font d'eux-mêmes (leur **gloire**). De même, ils approuvent tous l'**obéissance au devoir**, envers les pères ou envers le roi, ainsi que la **vaillance** guerrière et le combat pour la patrie. Ces valeurs sont issues de la tradition féodale.

◆ Pour les personnages plus jeunes, de nouvelles valeurs apparaissent. L'Infante, après les exploits de Rodrigue, considère que le **mérite personnel** pourrait l'élever à la dignité royale. L'amour, tel que le vit Rodrigue, le conduit à la notion de **fidélité amoureuse**, valeur inconnue de son père.

Les conflits et leur résolution

◆ *Le Cid* confronte les personnages à des **conflits entre valeurs**, ou **entre sentiments et valeurs.** Ils tranchent ces dilemmes de façon différente selon leur caractère, c'est-à-dire en fonction de leurs qualités et de leurs défauts.

◆ Le Comte se trouve confronté au conflit entre son **honneur personnel** et l'**obéissance au Roi**. Blessé dans son **orgueil**, il n'accepte pas la nomination de don Diègue et refuse de présenter les excuses que le Roi exige.

◆ L'Infante est torturée par le conflit entre son **amour** pour Rodrigue et son **devoir** de princesse, qui l'oblige à épouser un homme de même rang qu'elle. Son raisonnement (V, 2) la conduit à la conclusion qu'elle pourrait aimer Rodrigue « avec honneur », ce qui est très audacieux par rapport aux valeurs de la Cour. Mais cette idée reste un raisonnement : dans les faits, l'Infante « donne » Rodrigue à Chimène, au prétexte qu'ils s'aiment. Ainsi l'honneur royal triomphe, grâce à la **volonté** de l'Infante et à sa **maîtrise** d'elle-même.

◆ Le conflit central du *Cid* est évidemment celui qu'affrontent d'abord Rodrigue, puis Chimène : leur devoir filial, l'**honneur de leur famille** et leur propre « gloire » les obligent à aller contre leur **amour**. Rodrigue hésite, dans les stances (I, 6) avant de décider : « Je dois tout à mon père avant qu'à ma maîtresse ». Chimène, elle, court d'emblée chez le Roi demander la tête de son amant. L'un comme l'autre font donc preuve de **courage** et de **détermination** pour faire gagner le respect des valeurs sur les sentiments.

« Devoir filial contre honneur familial »

◆ Mais ce choix, paradoxalement, renforce leur amour. En effet, si Rodrigue n'avait pas vengé son père, Chimène l'aurait méprisé, et si Chimène n'avait pas demandé sa mort, Rodrigue ne l'aurait plus estimée. Tous deux sont d'accord sur ce point : ils ne sauraient aimer un être sans honneur. Chez eux, sentiment amoureux et respect de l'honneur se répondent : ils ont besoin d'admirer la personne qu'ils aiment.

- À l'exception du Comte, emporté par ses sentiments et son tempérament orgueilleux, les personnages font preuve de **vertu** et de **courage moral**. Ils sacrifient leurs sentiments et leur bonheur pour défendre des valeurs reconnues comme supérieures : honneur, loyauté, obéissance au roi, dévouement à la patrie.

Des personnages qui évoluent

- Dans *Le Cid* se lisent cependant des évolutions dans le**s valeurs sociales.** À la Cour se joue le partage du pouvoir entre les nobles et le roi. Le Comte est dans une posture héritée de la féodalité : il se sent presque l'égal du roi. Il ne va pas dans le sens de l'Histoire, qui instaure peu à peu la **monarchie absolue**. Personne n'approuve l'obstination du Comte, et les objections de Don Sanche à sa punition sont sèchement rejetées.
- Au plan des **valeurs individuelles**, *Le Cid* suggère des évolutions possibles.
  - Certes, l'Infante n'épousera pas un simple chevalier, fût-il un guerrier hors du commun. Mais l'idée que le **mérite personnel** pourrait avoir autant de valeur que la naissance est vraiment audacieuse au XVIIe siècle.
  - Quant à Chimène et Rodrigue, tout en se conformant aux valeurs de leur milieu social, ils se permettent de se plaindre des défauts de leurs pères et des souffrances qui leur sont imposées. Pour eux, la **fidélité amoureuse** vaut autant que la loyauté filiale. Rodrigue s'insurge contre son père quand ce dernier lui suggère de changer de maîtresse – position qu'il qualifie de « honte », d'« infamie », d'« injure » à son amour.
  - Ainsi, dans la nouvelle génération s'amorcent des **modifications dans la hiérarchie des valeurs** : la soumission au roi semble progresser, mais la soumission à la famille est contestée pour laisser s'exprimer les sentiments individuels et la quête du bonheur personnel, qui s'imposeront dans les siècles suivants.

« L'individu avant la famille »

Texte 1 Français contre Prussien

Maupassant évoque dans cette nouvelle les lendemains de la défaite française de 1870 face à l'armée prussienne. Le contexte est différent de celui du Cid, l'honneur et le courage se manifestent pourtant, mais le « héros » a bien changé …

M. Dubuis, qui avait fait partie de la garde nationale de Paris pendant toute la durée du siège, allait rejoindre en Suisse sa femme et sa fille, envoyées par prudence à l'étranger, avant l'invasion.

La famine et les fatigues n'avaient point diminué son gros ventre de marchand riche et pacifique. Il avait subi les événements terribles avec une résignation désolée et des phrases amères sur la sauvagerie des hommes. Maintenant qu'il gagnait la frontière, la guerre finie, il voyait pour la première fois des Prussiens, bien qu'il eût fait son devoir sur les remparts et monté bien des gardes par les nuits froides.

Il regardait avec une terreur irritée ces hommes armés et barbus installés comme chez eux sur la terre de France, et il se sentait à l'âme une sorte de fièvre de patriotisme impuissant, en même temps que ce grand besoin, que cet instinct nouveau de prudence qui ne nous a plus quittés.

Dans son compartiment, deux Anglais, venus pour voir, regardaient de leurs yeux tranquilles et curieux. Ils étaient gros aussi tous deux et causaient en leur langue, parcourant parfois leur guide, qu'ils lisaient à haute voix en cherchant à bien reconnaître les lieux indiqués.

Tout à coup, le train s'étant arrêté à la gare d'une petite ville, un officier prussien monta avec son grand bruit de sabre sur le double marchepied du wagon. Il était grand, serré dans son uniforme et barbu jusqu'aux yeux. Son poil roux semblait flamber, et ses longues moustaches, plus pâles, s'élançaient des deux côtés du visage qu'elles coupaient en travers.

Les Anglais aussitôt se mirent à le contempler avec des sourires de curio-

sité satisfaite, tandis que M. Dubuis faisait semblant de lire un journal. Il se
25 tenait blotti dans son coin, comme un voleur en face d'un gendarme.

Le train se remit en marche. Les Anglais continuaient à causer, à chercher les lieux précis des batailles ; et soudain, comme l'un d'eux tendait le bras vers l'horizon en indiquant un village, l'officier prussien prononça en français, en étendant ses longues jambes et se renversant sur le dos :

30 — Ché tué touze Français tans ce fillage. Ché bris plus te cent brisonniers.

Les Anglais, tout à fait intéressés, demandèrent aussitôt :

— Aoh ! comment s'appelé, cette village ?

Le Prussien répondit :

— Pharsbourg.

35 Il reprit :

— Ché bris ces bolissons de Français bar les oreilles.

Et il regardait M. Dubuis en riant orgueilleusement dans son poil. [...]

L'officier tira sa pipe et, regardant fixement le Français :

— Vous n'auriez bas de tabac ?

40 M. Dubuis répondit :

— Non, monsieur.

L'Allemand reprit :

— Je fous brie t'aller en acheter gand le gonvoi s'arrêtera.

Et il se mit à rire de nouveau :

45 — Je vous tonnerai un bourboire.

Le train siffla, ralentissant sa marche. On passait devant les bâtiments incendiés d'une gare ; puis on s'arrêta tout à fait.

L'Allemand ouvrit la portière et, prenant par le bras M. Dubuis :

— Allez faire ma gommission, fite, fite !

50 Un détachement prussien occupait la station. D'autres soldats regardaient, debout le long des grilles de bois. La machine déjà sifflait pour repartir. Alors, brusquement, M. Dubuis s'élança sur le quai et, malgré les gestes du chef de gare, il se précipita dans le compartiment voisin.

Il était seul ! Il ouvrit son gilet, tant son cœur battait, et il s'essuya le front, 55 haletant.

Le train s'arrêta de nouveau dans une station. Et tout à coup l'officier parut à la portière et monta, suivi bientôt des deux Anglais que la curiosité poussait. L'Allemand s'assit en face du Français et, riant toujours :

— Fous n'afez pas foulu faire ma gommission.

60 M. Dubuis répondit :

— Non, monsieur.

Le train venait de repartir.

L'officier dit :

— Che fais gouper fotre moustache pour bourrer ma pipe.

65 Et il avança la main vers la figure de son voisin.

Les Anglais, toujours impassibles, regardaient de leurs yeux fixes.

Déjà, l'Allemand avait pris une pincée de poils et tirait dessus, quand M. Dubuis d'un revers de main lui releva le bras et, le saisissant au collet, le rejeta sur la banquette. Puis, fou de colère, les tempes gonflées, les yeux pleins 70 de sang, l'étranglant toujours d'une main, il se mit avec l'autre, fermée, à lui taper furieusement des coups de poing par la figure. Le Prussien se débattait, tâchait de tirer son sabre, d'étreindre son adversaire couché sur lui. Mais M. Dubuis l'écrasait du poids énorme de son ventre, et tapait, tapait sans repos, sans prendre haleine, sans savoir où tombaient ses coups. Le sang coulait ; 75 l'Allemand, étranglé, râlait, crachait ses dents, essayait, mais en vain, de rejeter ce gros homme exaspéré, qui l'assommait.

Les Anglais s'étaient levés et rapprochés pour mieux voir. Ils se tenaient debout, pleins de joie et de curiosité, prêts à parier pour ou contre chacun des combattants.

80 Et soudain M. Dubuis, épuisé par un pareil effort, se releva et se rassit sans dire un mot.

Le Prussien ne se jeta pas sur lui, tant il demeurait effaré, stupide d'étonnement et de douleur. Quand il eut repris haleine, il prononça :

— Si fous ne foulez pas me rentre raison avec le bistolet, che vous tuerai.

85 M. Dubuis répondit :

— Quand vous voudrez. Je veux bien.

L'Allemand reprit :

— Foici la ville de Strasbourg, che brendrai deux officiers bour témoins, ché le temps avant que le train rebarte.

90 M. Dubuis, qui soufflait autant que la machine, dit aux Anglais :

— Voulez-vous être mes témoins ?

Tous deux répondirent ensemble :

— Aoh yes !

Et le train s'arrêta.

95 En une minute, le Prussien avait trouvé deux camarades qui apportèrent des pistolets, et on gagna les remparts.

Les Anglais sans cesse tiraient leur montre, pressant le pas, hâtant les préparatifs, inquiets de l'heure pour ne point manquer le départ.

M. Dubuis n'avait jamais tenu un pistolet. On le plaça à vingt pas de son 100 ennemi. On lui demanda :

— Êtes-vous prêt ?

En répondant « Oui, monsieur », il s'aperçut qu'un des Anglais avait ouvert son parapluie pour se garantir du soleil.

Une voix commanda :

105 — Feu !

M. Dubuis tira, au hasard, sans attendre, et il aperçut avec stupeur le Prussien debout en face de lui qui chancelait, levait les bras, et tombait raide sur le nez. Il l'avait tué.

Un Anglais cria un « Aoh » vibrant de joie, de curiosité satisfaite et d'im-110 patience heureuse. L'autre, qui tenait toujours sa montre à la main, saisit M. Dubuis par le bras, et l'entraîna, au pas gymnastique, vers la gare.

Le premier Anglais marquait le pas, tout en courant, les poings fermés, les coudes au corps.

— Une, deux ! une, deux !

115 Et tous trois de front trottaient, malgré leurs ventres, comme trois grotesques d'un journal pour rire.

Le train partait. Ils sautèrent dans leur voiture. Alors, les Anglais, ôtant leurs toques de voyage, les levèrent en les agitant, puis, trois fois de suite, ils crièrent :

120 — Hip, hip, hip, hurrah !

Puis, ils tendirent gravement, l'un après l'autre, la main droite à M. Dubuis, et ils retournèrent s'asseoir côte à côte dans leur coin.

Guy de Maupassant « Un Duel », nouvelle publiée dans *Le Gaulois* du mardi 14 août 1883.

Texte 2 Le dernier duel de France

Le 21 avril 1967, le maire de Marseille, Gaston Defferre, et le gaulliste René Ribière croisaient le fer. Un combat pour l'honneur, malgré la désapprobation de De Gaulle.

Dans un jardin ombragé par des arbustes bienveillants, enveloppé d'une douceur printanière, chemise blanche, col ouvert, manches retroussées, deux hommes, épée à la main, se jugent, se jaugent, puis, sur un signe de l'arbitre, croisent le fer. Quatre minutes plus tard, le combat cesse, un des
5 deux duellistes ayant été touché par deux fois au bras. Cette scène n'est extraite d'aucun roman ou film de cape et d'épée. Elle eut lieu il y a exactement cinquante ans, le 21 avril 1967, dans le parc d'un hôtel particulier de Neuilly-sur-Seine.

Elle opposait deux parlementaires : Gaston Defferre, maire de Marseille,
10 député SFIO et président de son groupe à l'Assemblée nationale, et le très gaulliste René Ribière, élu du Val-d'Oise, révoqué de la préfectorale pour avoir assisté, en tenue de sous-préfet, à une manifestation du Rassemblement du peuple français (RPF). Ils furent les protagonistes du dernier duel disputé en France.

La veille, lors d'un débat houleux, alors qu'il est sans cesse interrompu pendant son intervention, Gaston Defferre apostrophe son collègue le plus virulent : « Taisez-vous, abruti ! » L'incident n'en reste pas là. Plus tard, dans la salle des Quatre-Colonnes, Ribière demande des excuses à son offenseur, mais le fougueux Marseillais les lui refuse. L'offensé lui envoie derechef deux témoins pour exiger réparation. Ayant le choix des armes, il choisit l'épée. Trois assauts et deux estafilades plus tard, l'arbitre Jean de Lipkowski, un gaulliste de gauche, arrête le combat, Ribière a deux blessures sans gravité.

Gaston Defferre (de face) et René Rivière (de dos). 1967.

Quelques gouttes de sang

Le député valdoisien n'avait, semble-t-il, jamais touché à une épée et le fait que l'un de ses grands-pères se soit battu en duel en 1910 ne lui fut pas d'un grand secours. Il n'en a pas été de même pour son adversaire des Bouches-du-Rhône, vieux briscard habitué à en découdre, qui s'était déjà mesuré au radical Paul Bastid, vingt ans plus tôt au pistolet.

Si la police l'ignora, du moins officiellement, des journalistes assistèrent à l'événement. Le duel a même été filmé. Cette « mascarade », comme l'écrivit un journaliste, ne fut pas du goût du général de Gaulle, qui envoya des émissaires pour le faire annuler. Sans succès. Plus tard, chaque fois que lui fut donnée l'occasion d'évoquer cette rencontre, le facétieux Defferre ne manquait pas de rappeler qu'il avait visé l'entrejambe de son adversaire pour lui gâcher sa nuit de noces, celui-ci se mariant le lendemain. [...]

Vers le BREVET

Acte III, scène 4, vers 959 à 997.

Au brevet, l'épreuve de français est sur 50 points.

- **Partie I (25 points, 1h 10)**
  - Questions (20 points, 1h)
  - Réécriture (5 points, 10 min.)
- **Partie II (25 points, 1h50)**
  - Dictée (5 points, 20 min.)
  - Rédaction (20 points, 1h30)

Partie I

Questions (20 points, 1h)

1 Trouvez dans le texte trois raisons pour lesquelles Rodrigue souhaite que Chimène le tue. (3 points)

2 « Va, je ne te hais point ». Quel est le sens de cette phrase ? Comment s'appelle cette figure de style ? (2 points)

3 Pourquoi la « renommée » de Chimène est-elle menacée ? (1 point)

4 D'après les vers 970 à 972, qu'est-ce qui rendra Chimène admirable aux yeux du monde ? (1 point)

5 Dans les vers 959 à 974, relevez le champ lexical de l'amour. Dites quels termes sont des métaphores. (2 points)

6 « Encore que je l'aime ». Donnez un synonyme de « encore que » (v. 974). Quel lien logique cette proposition a-t-elle avec la précédente ? (2 points)

7 Quelles formes de phrases sont utilisées dans les vers 985 à 990 ? Quels sentiments traduisent-elles ? (2 points)

8 Dans les vers 989-990, que désigne Rodrigue par le mot « orage » ? et par les mots « si près du port » ? Comment s'appelle cette figure de style ? (3 points)

9 Quelle décision Chimène a-t-elle prise à la fin de ce dialogue ?

10 Donnez deux expressions synonymes de je « t'engage ma foi » (v. 995). (2 points)

11 Chimène et Rodrigue renoncent à leur amour pour obéir à leurs familles. Pensez-vous que cette situation a complètement disparu de nos jours ? Appuyez votre réponse sur un ou deux exemples. (2 points)

Réécriture (5 points, 10 min.)

Réécrivez les vers suivants en remplaçant la 2e personne du singulier par la 2e personne du pluriel.

DON RODRIGUE
Au nom d'un père mort, ou de notre amitié,
Punis-moi par vengeance, ou du moins par pitié.
Ton malheureux amant aura bien moins de peine.
À mourir par ta main qu'à vivre avec ta haine.

CHIMÈNE
Va, je ne te hais point.

DON RODRIGUE
Tu le dois.

Partie II

Dictée (5 points, 20 min.)

On dictera aux élèves les vers 875 à 878.

Travail d'écriture au choix (20 points, 1h30)

▸ Sujet de réflexion

Face à un dilemme, doit-on faire passer ses sentiments après le respect de valeurs personnelles ou générales ? Examinez les différentes solutions possibles et leurs conséquences, en réfléchissant à quelques situations concrètes (par exemple, à dénoncer aux autorités le comportement condamnable ou dangereux d'un proche, demander l'arrêt de soins médicaux qui maintiennent en vie quelqu'un qu'on aime, révéler un secret pour protéger quelqu'un, etc.).

▸ Sujet d'invention

Imaginez un dialogue (en prose ou en vers) entre deux personnes en désaccord sur le comportement de Chimène. L'une estime qu'elle a raison de poursuivre Rodrigue pour venger son père, l'autre qu'elle devrait privilégier leur amour et leur couple. Vous donnerez le dernier mot à l'interlocuteur de votre choix.

Lecture d'images

Observez l'image → Voir verso de couverture en début d'ouvrage.

Céline Carrère, Nazim Boudjenah : Chimène et Rodrigue dans *Le Cid*. Mise en scène Wissam Arbache, théâtre de Gennevilliers, 2007.

1 À votre avis, qui sont les personnages en action sur cette photo ? De quelle scène s'agit-il ? Sur quels indices vous appuyez-vous pour répondre ?

2 Décrivez la position des deux personnages : comment se justifie-t-elle ?

3 Quels éléments sont le plus nettement mis en valeur par la prise de vue ? Quels effets produisent-ils ?

4 Comment les comédiens sont-ils vêtus et coiffés ? Que pensez-vous de ces choix ?

5 Décrivez le décor. Est-il réaliste ? Quels avantages présente-t-il ? Le trouvez-vous beau ? intéressant ? Justifiez vos réponses.

6 Comparez cette photo avec les autres photos de mise en scène présentées dans cet ouvrage. La trouvez-vous plus belle ? moins belle ? Pour quelles raisons ?

Observez l'image → Voir verso de couverture en fin d'ouvrage.

Alonso Coello Sanchez (1513-1588), ***L'Infante Isabel Clara Eugenia*** (1566–1633), fille de Philippe II d'Espagne, 1579, huile sur toile, musée du Prado, Madrid.

1 À quels indices voit-on que ce portrait est celui d'un personnage de rang élevé ?

2 Sur quels éléments le peintre a-t-il voulu mettre l'accent ? dans quel but ?

3 Cherchez au CDI ou sur Internet d'autres portraits d'infantes ou de reines espagnoles du XVIe ou du XVIIe siècle. Quels détails présents dans ce tableau (positions, costumes, accessoires) y retrouvez-vous ?

4 Qu'est-ce qu'un « portrait officiel » ? Ce type de portrait existe-t-il encore de nos jours ? sous quelles formes ?

Outils de lecture

	Définitions	Exemples
Allitération (une)	Répétition de consonnes pour décrire une situation ou traduire un sentiment.	Les Mores et la mer montent jusques au port. (IV, 3)
Anaphore (une)	Répétition de mots en début de phrase ou de proposition.	**Viens**, mon fils, **viens**, mon sang, **viens** **réparer ma honte** **Viens** me venger. (I, 5)
Antithèse (une)	Rapprochement dans une phrase d'idées et de mots qui s'opposent.	Ton bras est **invaincu**, mais non pas **invincible**. (II, 2)
Assonance (une)	Répétition de voyelles pour décrire une situation ou traduire un sentiment.	Réduit au triste choix ou de trahir ma flamme Ou de vivre en infâme Des deux côtés mon mal est infini. (I, 6)
Chiasme (un)	Utilisation de la symétrie pour souligner une idée ou une antithèse.	**Vous êtes** *aujourd'hui* ce qu'*autrefois* **je fus**. (I, 3)
Comparaison (une)	Rapprochement de deux réalités différentes mais qui se ressemblent sur certains points, en utilisant un mot de comparaison (*comme*, *pareil* *à*, *ainsi que*...).	**Je veille** pour les miens, mes soucis les conservent, **Comme le chef** a soin des membres qui le servent. (II, 6)
Diérèse (une)	Prononciation en deux syllabes de sons qui en prose se prononcent en une seule syllabe.	Je sais ta **passi-on**, et suis ravi de voir Que tous ses mouvements cèdent à ton devoir. (II, 2)
Enjambement (un)	Prolongement d'un vers sur le vers suivant.	Mets la main sur mon cœur, Et vois comme il se trouble au nom de son vainqueur, Comme il le reconnaît. (I, 2)
Gradation (une)	Utilisation de mots classés du plus faible au plus fort.	**Va, cours, vole**, et nous venge. (I, 5)

Hyperbole (une)	Utilisation de mots excessifs pour renforcer une idée.	J'ose m'imaginer qu'à **ses moindres exploits** Les **royaumes entiers** tomberont sous ses lois. (II, 5)
Litote (une)	Utilisation de mots ou d'expressions faibles pour exprimer une idée forte.	Va, **je ne te hais point**. (III, 4) ➔ ***Je ne te hais point*** *= Je t'adore.*
Métaphore (une)	Rapprochement de deux réalités différentes, sans utilisation de mot de comparaison.	Tu ne peux trop promettre aux **feux de notre amour** La douce liberté de se montrer au jour. (I, 1) ➔ *amour = feux*
Métonymie (une)	Désignation d'un ensemble par un seul de ses éléments.	**Fer** qui causes ma peine, M'es-tu donné pour venger mon honneur ? (I, 6) ➔ *Fer = épée en fer.*
Oxymore (un)	Alliance de deux termes contradictoires pour exprimer une idée de façon surprenante.	Cette **obscure clarté** qui tombe des étoiles Enfin avec le flux nous fait voir trente voiles. (IV, 3)
Périphrase (une)	Emplacement d'un mot par un groupe de mots de sens équivalent.	Montrez-lui comme il faut s'endurcir à la peine, Dans le **métier de Mars** se rendre sans égal. (I, 3) ➔ *Le métier de Mars = la guerre.*
Personnification (une)	Forme de métaphore qui assimile un élément non humain à une personne en lui prêtant des actions ou des traits humains.	**L'amour est un tyran** qui n'épargne personne. (I, 2)
Répétition (une)	Reprise d'un même mot pour souligner l'importance d'un élément (sentiment, idée).	**Nous les pressons** sur l'eau, **Nous les pressons** sur terre. (IV, 3)

Lexique Les mots du théâtre

■ **Accessoire :** objet utilisé sur scène par un acteur.

■ **Acte :** ensemble de plusieurs scènes. Au XVIIe siècle, les pièces comportent trois ou cinq actes.

■ **Acteur, comédien :** personne qui joue sur scène et incarne un personnage.

■ **Alexandrin :** vers utilisé dans les tragédies* classiques. Il comporte 12 syllabes. Il est généralement coupé en deux hémistiches de 6 syllabes.

■ **Aparté :** réplique prononcée par un personnage s'adressant à lui-même ou aux spectateurs. Les autres personnages sont censés ne pas l'entendre.

■ **Auteur dramatique, dramaturge :** écrivain qui conçoit une pièce de théâtre.

■ **Bienséance :** conformité à ce que l'opinion considère comme convenable. Le théâtre classique* exclut de la scène la vulgarité, la violence, la sexualité, la mort.

■ **Caractère :** ensemble des caractéristiques psychologiques et morales d'un personnage.

■ **Comédie :** genre dramatique dont le but est de faire rire le public, par les caractères, les situations, le langage, le jeu des acteurs. La comédie peut aussi être satirique, c'est-à-dire se moquer de quelqu'un ou de quelque chose pour faire réfléchir le spectateur.

■ **Côté cour :** côté droit de la scène vue depuis la salle.

■ **Côté jardin :** côté gauche de la scène vue depuis la scène.

■ **Coulisses :** espaces situés de part et d'autre de la scène, qui ne sont pas visibles depuis la salle.

■ **Coup de théâtre :** péripétie, rebondissement, qui modifie complètement la situation des personnages principaux.

■ **Décor :** ensemble des éléments qui entourent les comédiens sur la scène. Il peut être réaliste, symbolique ou absent.

■ **Dénouement :** fin de la pièce, qui règle le sort de tous les personnages.

■ **Dialogue :** échange de répliques entre deux ou plusieurs personnages.

■ **Didascalie :** élément du texte en italique, qui n'est pas dit sur scène. Il donne des indications pour la mise en scène et le jeu de l'acteur.

■ **Dilemme :** obligation de choisir entre deux obligations d'égale importance mais contradictoires.

■ **Distribution :** liste des acteurs et des personnages qu'ils jouent.

■ **Double énonciation :** le texte de théâtre est fait de répliques adressées par un personnage à d'autres personnages, et en même temps il raconte une histoire imaginée par l'auteur pour les spectateurs.

■ **Exposition :** scène, groupe de scènes ou acte qui, au début de la pièce, donne les informations utiles pour suivre le déroulement de l'intrigue.

■ **Hémistiche :** moitié d'un alexandrin. Le mot est masculin (un hémistiche).

■ **Intrigue :** histoire racontée par la pièce.

■ **Jeu :** activité du comédien qui incarne un personnage.

■ **Mise en scène, metteur en scène :** le metteur en scène crée le spectacle sur scène à partir du texte de l'auteur. Les mises en scènes d'une même pièce sont différentes en fonction des metteurs en scène.

■ **Monologue :** tirade prononcée par un personnage seul en scène.

■ **Nœud :** situation de blocage dans l'intrigue.

■ **Pathétique :** sentiment de profonde pitié inspiré au spectateur par un événement, une situation, une réplique, un personnage.

■ **Péripétie :** événement qui modifie une situation.

■ **Personnage :** être fictif censé vivre l'intrigue et communiquer avec les autres personnages.

■ **Protagonistes :** Personnages principaux qui font avancer l'action.

■ **Récit :** tirade d'un personnage qui raconte un événement survenu hors de la scène.

■ **Réplique :** mot, phrase ou ensemble de phrases prononcées à la suite par un même personnage.

■ **Représentation :** spectacle au cours duquel les comédiens jouent une pièce face au public.

■ **Retournement de situation :** voir **Coup de théâtre**.

■ **Rôle :** ensemble des répliques et des actions d'un comédien incarnant un personnage.

■ **Scène (dans la salle) :** partie surélevée, face au public, sur laquelle évoluent les comédiens pendant une représentation.

■ **Scène (dans le texte) :** subdivision d'un acte, au cours de laquelle un ou plusieurs personnages présents sur la scène échangent des répliques. La scène se termine si un ou plusieurs personnages quittent la scène ou si un nouveau personnage y entre.

■ **Stances :** ensemble de strophes combinant des vers de longueur variée et entrecroisant les rimes. Les stances interrompent l'action pour révéler les pensées et les sentiments d'un personnage.

■ **Stichomythie :** échange rapide de répliques très courtes.

■ **Théâtre (bâtiment) :** bâtiment abritant une salle de spectacle et les annexes nécessaires au travail du metteur en scène et des comédiens (coulisses, loges, cintres, etc.).

■ **Théâtre** (genre littéraire) : œuvre qui raconte une histoire uniquement en faisant parler des personnages fictifs.

■ **Théâtre classique :** ensemble des pièces conçues en France dans la deuxième moitié du XVIIe siècle. Les auteurs principaux sont Corneille, Racine et Molière.

■ **Tirade :** longue réplique d'un personnage.

■ **Tragédie :** pièce de théâtre destinée à faire éprouver au spectateur de la pitié et de la terreur, et dont le dénouement est malheureux.

■ **Tragi-comédie :** pièce de théâtre sérieuse, voire tragique, mais dont le dénouement n'est pas malheureux.

■ **Unité d'action :** règle du théâtre classique* qui demande de ne raconter qu'une seule intrigue au cours d'une pièce.

■ **Unité de lieu :** règle du théâtre classique* qui demande que toute l'histoire racontée se déroule dans un même lieu.

■ **Unité de temps :** règle du théâtre classique* qui demande que l'histoire racontée se déroule en un seul jour.

■ **Vraisemblance :** règle du théâtre classique* qui demande que l'histoire racontée soit vraie, qu'elle ne fasse pas intervenir d'événements incroyables.

À lire

Une autre pièce de Corneille

- ***L'Illusion comique*** **(1635)**
  Écrite juste avant *Le Cid*, cette comédie appartient au théâtre baroque. Plusieurs intrigues s'y entremêlent. L'une d'elles intègre le personnage traditionnel de Matamore, le « tueur de Mores » qui se prétend guerrier redoutable et bourreau des cœurs, un Rodrigue avant la lettre, mais sur le mode burlesque !

Une histoire de vengeance familiale

- **Prosper Mérimée, *Colomba* (1840)**
  Cette nouvelle se déroule en Corse et raconte une histoire de vendetta. Le « devoir » de vengeance est, comme chez Corneille, incarné par un personnage féminin à la volonté implacable. Ce devoir est remis en cause par son frère, que le contact avec la culture moderne du continent a rendu moins intransigeant, et moins sûr de la légitimité de cette forme de « justice » personnelle.

- **Alexandre Dumas, *Les Frères corses* (1844)**
  Dans une Corse romanesque et magique, des bandits, déchirés par les vendettas, s'affrontent pour l'honneur. Une mémorable scène de duel clôt la nouvelle.

Des bandes dessinées

- ***Le Cid*** par Jean-Louis Mennetrier et Christophe Billard, éditions Petit à Petit, collection « Théâtre en BD », 2006 et 2016.

- ***Le Cid***, par Antonio Hernandez Palaciaos, éditions du Long Bec, mai 2017.

À voir

Des vidéos

De courts extraits de mises en scène peuvent être visionnés sur le site de l'INA, sur Dailymotion ou sur YouTube. Ils permettent des comparaisons intéressantes sur différents aspects : choix des comédiens, costumes, décors, styles d'interprétation, etc. Quelques exemples :

- **http://www.ina.fr/video/I13186791**
  Francis Huster dans les stances (I,7) et interview sur les principes de sa mise en scène de 1985 au théâtre du Rond-Point ; puis **Jean Marais** dans un extrait du monologue de don Diègue (I, 5) et de la scène avec Rodrigue (I, 6) dans la même mise en scène.
- **https://www.youtube.com/watch?v=_y8rwXZw1XQ&t=38s**
  Une mise en scène récente (2016) et très dynamique de Jean-Philippe Daguerre pour de la compagnie **Le Grenier de Babouchka**. Conçue pour séduire un public jeune, cette production parvient, sans renoncer au texte authentique, à mêler intelligemment émotion et divertissement : elle fait du Roi, par exemple, un bouffon intelligent et drôle, montre sur scène des combats à l'épée, et laisse une bonne place à la musique.

Des DVD

- **Anthony Mann, *Le Cid* (1964)**. Adaptation américaine avec Sophia Loren et Charlton Heston. Le scénario s'étend sur une période bien plus longue que la pièce de Corneille. Des acteurs légendaires, des scènes de batailles impressionnantes, un film épique réussi.
- ***Le Cid flamenco* (1999)**, mise en scène de Thomas Le Douarec. Centrée sur le couple amoureux, cette mise en scène fait la part belle à la musique (guitare) et à la danse.
- ***Le Cid*, mise en scène d'Alain Carré au Théâtre du Crève-cœur à Genève (2006).** Cette mise en scène dans un théâtre de poche joue l'intimité et intègre la musique : lyre, violon, luth. Édité en DVD en 2009 par les Éditions de l'Astronome.
- ***Le Cid* (2012), mise en scène de Colette Roumanoff**, avec Renaud Heine.

Table des illustrations

Couverture : *Le Cid*, mise en scène de J.-Ph. Daguerre, compagnie Le Grenier de Babouchka, avec Kamel Isker (don Rodrigue) et Stephane Dauch (don Gomez), théâtre du Ranelagh, 20117. © Geoffrey Callenes.

5 : *El Cid Campeador*, statue équestre de J. C. González, bronze, 1955, Burgos (Espagne). © KarSol/ stock.
6 : Portrait de Pierre Corneille, huile sur toile de Charles Le Brun, 1647 (0,63 x 0, 52 m), Musée national du château de Versailles, © Archives Larbor/BIS/Ph. H. Josse.
10 : Maquettes de costumes, le comte Lepic, 1885. © BNF, département Bibliothèque – musée de l'Opéra.
11 : Maquettes de costumes, le comte Lepic, 1885. © BNF, département Bibliothèque – musée de l'Opéra.
13 : *Le Cid*, mise en scène de Thomas Douarec (avec G. Nicoleau été P. Maymat), théâtre Marigny, Paris, 6 avril 1999, © Brigitte Enguerand.
17 : © Studio Lipnitzki / Roger-Viollet.
21 : Maquettes de costumes, le comte Lepic, 1885. © BNF, département Bibliothèque – musée de l'Opéra.
29 : © BIS / Ph. Coll. Archives Larbor.
31 h : © Simon/Gamma/Rapho.
31 b : © Hervé Bellamy.
38 : © Studio Lipnitzki / Roger-Viollet.
56 : Pascal Victor/ArtComPress.
62 : Maquettes de costumes, le comte Lepic, 1885. © BNF, département Bibliothèque – musée de l'Opéra.
68 : Pascal Victor/ArtComPress.
88 : BIS / Ph. Coll. Archives Larbor.
98 : Pascal Victor/ArtComPress.
110 : Pascal Victor/ArtComPress.
130 : Pascal Victor/ArtComPress.
133 : Pascal Victor/ArtComPress.
136 : Pascal Victor/ArtComPress.
165 : © AFP/AFP.

II et 166 : © J.-P. Lozouet.
III, et 167 : © Archivo L.A.R.A./Planeta

Conception graphique : Julie Lannes
Design de couverture : Élise Launay
Recherche iconographique : Gaëlle Mary et Édith Garraud
Mise en page : STDI et Julie Lannes
Édition : Aude Alric et Valérie Antoni

N° édition : 10274347 - Dépôt légal : septembre 2019
Imprimé en France, en avril 2021, par la Nouvelle Imprimerie Laballery - N° 104034

La Nouvelle Imprimerie Laballery est titulaire de la marque Imprim'Vert®